ママ・パパ
保育者へ。

子育てを元気にする絵本

目次

第2章 子どもに寄り添う絵本 27

第3章 ママに寄り添う絵本

第4章　子どもゴコロに響く絵本

第1章

絵本を子育ての真ん中に

現代の子育てを取り巻く状況は大きく変化しています。共働き家庭が増えるなど、低年齢からの保育が当たり前になる時代です。つまり、「子育て」は家庭だけで行うのではなく、保育園・認定こども園・幼稚園、地域の子育て支援の場、地域や学校のさまざまな場で行う時代となりました。それは、「子育ての社会化」──つまり、社会全体が子育ての当事者なのです。

そして、現代は絵本の役割があらためて注目されています。家庭での子どもへの読み聞かせの大切さが言われたり、メディアなどでも絵本が取り上げられたりすることが多くなっているようです。これは、とても喜ばしいことです。絵本は、時代を超えて、世代を超えて、豊かな物語を伝えるとともに、その人の心の原風景にもなり、人と人とのコミュニケーションにもなりうる偉大なツールだと私は考えます。

では、その「絵本」にはどのような力があるのでしょうか。そうした絵本が持っている「子育て」における大切な意味について、第1章で考えてみましょう。

絵本は たのしみのためにある

私はよく「絵本を子育ての真ん中に」と言っているのですが、それは、子育てや保育において絵本は大切なものの一つだと考えているからです。絵本が子育てに欠かせないものという意識は、この本を手に取ってくださったママやパパあるいは保育者のみなさんにはあると思います。ですが、今の家庭や保育現場を広く見てみると、絵本の扱いには大きな差があるようです。例えば、子どもの傍に絵本がある家と、そうでない家に分かれるのではないでしょうか。保育現場でも、普段の実践の中で絵本を大切にしていて、絵本の体験、絵本からの体験が子どもたちに深まっているところがある一方で、その場かぎりの教材として使われているだけのところもあります。

私は絵本の専門家ではないので「絵本はこうあるべき」とか「こういう絵本がいい」と言える立場ではありません。ただ、まずみなさんにお伝えしたいのは、**絵本は、純粋に読み手（あるいは、読んであげる人と読んでもらう人）のよろこび、たのしみのために、言葉と絵でつくられたものだということです。**

子どもに何かを教え込むことを目的にしたものや、子どもが反応しやすい刺激をちりばめたものは、私にとっては「子育ての真ん中にあってほしい絵本」ではありません。**絵本は、単に子どもに何らかの効果を与える特別な「道具」ではないのです。**

そのことをわかった上で、絵本が子育てになくてはならない意味を探ってみたいと思います。

子育てにとっての三つの意味

私は、子育てにとって、絵本は大きく三つの意味があると考えます。

まず一つ目は、「コミュニケーションを生み出す意味」です。私が教える大学には、小さな頃、家庭で親に『ぐりとぐら』を読んでもらったと覚えている学生がたくさんいました。そしてその多くは、絵本の内容を覚えているだけでなく、あの有名なカステラづくりのシーンをまねて、お母さんと一緒にカステラ（ホットケーキ）を作った楽しい思い出を覚えていたのです。また、学生に授業で使う絵本を用意するようお願いすると、小さな頃に読んでもらった実際の絵本を持ってきてくれることがあります。そして、親に読んでもらった思い出がその絵本にはたっぷり詰まっていると、うれしそうに話してくれます。

子どもにとって、絵本を読んでもらうことは、その時だけでなく生涯残り続ける幸せの記憶、愛された実感につながる重要な体験になりうると言えるかもしれません。絵本は、親子関係を形成するコミュニケーションを促す重要な意味を持つのではないでしょうか。また、後述しますが、友達などの仲間との関わりを促す役割も果たしてくれます。

二つ目は「ファンタジーを生み出す意味」です。現実の世界で子どもは楽しいことばかり体験するのではありません。人との関わりの中でうまくいかないことや、困難を乗り越えられない葛藤など負の体験もたくさんしています。そんな子どもに力を与えるのがファンタジーの世界です。**空想の世界の主人公と一緒になってワクワクするような体験をし、困難に立ち向かうことで、現実世界に戻ったときに、困難を乗り越える勇気と強さを、子どもは持つことができるのです。**心理学者の故・河合隼雄さんも「ファンタジーの世界から得る力が、子どもにとって現実を生きる力になる」とおっしゃっています。子どもたちが、自由にファンタジーの世界に行き来できるよう、絵本はとても大切なのです。

そして**三つ目は「学びの世界を生み出す意味」です。**ある研究によると、**絵本の体験が子どもの語彙力を高め、それが後の言語力、好奇心、思考力、学力などにつながるといわれ、**それを裏づけるエビデンスもあります。小さな頃に絵本の読み聞かせが豊富だった子どもは、生きた言葉にたくさん出会うため、言葉に対する姿勢が変わるというのです。言葉の素地ができ、その後の学力の基盤になるそうです。おそらく、語彙力だけでなく、子どもたちのサイエンスや社会への興味喚起を引き出すことも期待できます。

とはいえ、「コミュニケーションのために」とか「現実から解放されるために」とか「語彙力、ひいては学力向上のために」とかを期待して、絵本を読み聞かせしましょうと言いたいのではありません。

子育てに絵本があることが、子どもだけでなく親自身にとっても幸せな時間になるのです。親や信頼する大人や友達と物語を楽しむ絵本体験こそが、結果的に、大きな意味を持つのだと思います。

「よい絵本」は子どもが教えてくれる

絵本の三つの意味についてお話しましたが、では実際に「どうやって本を選んだらよいか?」という悩みもあるでしょう。繰り返しになりますが、私は絵本の専門家ではないので、どの絵がよいとか、どの物語が文学的かといったことは、詳しくはわかりません。

ただ、私自身が心惹かれる絵本は、ほとんど子どもから教わりました。私は子どもとの関係の中で絵本のよさを感じることが多く、子どもとのエピソードがセットになっています。例えば、後ほど紹介する『すーちゃんとねこ』は、3番目の娘が何度も持ってきた絵本です。さまざまな絵本を子どもたちに読んでいると、繰り返し「読んで」と持ってくる絵本や、いつも発する絵本の中の言葉に度々出会います。その過程で「なるほど。子どもはこの絵本をこんなふうにおもしろがっているんだな」と、最初は気づかなかったその絵本の魅力が見えてくるのです。

わが家には3人の子どもがいますが、多少の違いはあっても、3人ともほぼ小学校の高学年くらいまで絵本を読んでいました。絵本の読み聞かせが寝る時の儀式のようになっていたからかもしれません。そしてその日に読む絵本は「子どもが選ぶ」ことが多かったです。私が提案する場合もいくつか選択肢を出します。「今日はこれとこれを持ってきたけど、どれにする?」という感じです。

子どもが好む絵本は、子どもによって違います。それぞれ感じ方が違うのですから、誰にとっても絶対よい絵本なんてないのです。ファンタジー系を好む子もいれば、車や電車などの機械系を好む子もいます。子どもの感性に合う絵本を選ばせてあげることが大事だと思います。

みなさんは今、情報過多の中で子育てをしていて、メディアなどで「正しいと言われるものがよい」と思い込んでしまっているのではないでしょうか。私はそれを、過剰な「正しさ幻想」「正しさ圧力」と呼んでいるのですが、それに当てはまらないと「うちの子はちょっと違うんじゃないか」と焦ってしまうのです。

人は一人ひとり違います。大人でもいろいろな好みがあります。子どもが好きなものを一緒に探っていくことも、絵本の楽しみなのではないでしょうか。

ただ、現実的に悩ましいこととしてあるのが、本屋さんなどに行くと、子どもの目につくところに、音が出たり光ったりする絵本がたくさんあることです。絵本は子どもが選ぶものとはいえ、こうしたものを選択肢として与えるかどうかは、大人が責任を持って決めたほうがいいでしょう。選択肢に入れないですむのであれば、私は入れないようにしています。それは、音や光は刺激が強いので、子どもはそれに夢中になってしまうことが多いからです。そうすると刺激が弱い紙の絵本は、選ばれなくなってしまうのです。多くの図書館には、そういう絵本は置かれていないでしょう。おそらく、あの段階のものに夢中になっていると、絵本の本当のおもしろさになかなか辿り着かないからだと思うのです。

絵本本来のおもしろさとは、言葉と絵から自分でイメージをどんどん深めてその世界に入っていくことです。そして、その豊かな世界に入っていくために、読み手とのいい関係をつくり、いいコミュニケーションを営んでいくことなのです。

正解にとらわれず自由に

今の子育ては正解を求める傾向が強く、絵本の正しい読み方などもよく話題になります。例えば、物語や絵の世界観に強く影響するような極端な抑揚をつけないとか、子どもの感情を不用意に刺激する声色の変化をしないとか、物語のスジや言葉を変えないとか、途中で会話をしないといったことは、これまで多くの専門家によって議論・研究されてきました。

保育者の立場でしたら押さえておきたいポイントではありますが、ママやパパが読み聞かせをする時は、こうした読み方論には、あまりとらわれなくてよいと思っています。主人公に感情移入して気持ちを込めて読んだり、時には、ちょっとしたユーモアでお話を変えたりすることは、楽しい絵本体験の記憶として残っていきます。むしろ、親子にとっての貴重な関わりの時間だといえるでしょう。**「正しい読み方」を意識しすぎて不自然な関わりになってしまうより、ありのままの自分で絵本を楽しんでほしいと思います。**

読み聞かせは作品とのコミュニケーションでもあるけれど、読み手と子どもとのコミュニケーションでもあるのです。よくママやパパから相談されることの中に、小さな子どもが「絵本を順番通りに読んでくれない(読ませてくれない)」という悩みがあるのですが、これは、順番通りに読まなければいけないということ自体が誤解です。絵本をコミュニケーションツールとして考えた時、子どもが後ろから読もうとしたり、真ん中から読もうとしたりしても、その関わり自体、間違ってはいません。大人が読むときは、順番通り読むわけですが、そのまま楽しめる子どもだったらそれでいいし、時に子どもが別の読み方を求めてきても、それはそれでいいのです。ページをめくるのが好きな子は、何度も何度もページをめくって楽しんだっていいし、大好きな犬が出ているページを見たらおしまいと、絵本を閉じたっていいのです。「わんわんいたね」とその会話を楽しめばいいのです。

特に0歳から1歳くらいはまだしっかりとストーリーを理解できる段階ではありません。シンプルなわかりやすい絵が描かれた絵本や、「ぽんぽん」「ぱっぱっ」といった破裂音など、子どもが楽しめる言葉と音が出てくる絵本などを介し、そこから生まれるやりとりを楽しむ段階です。**小さな年齢の子どもは、読み聞かせというよりは〝読み遊び〟という感覚でしょうか。**

できないこと（しないこと）に目を向けるのではなく、その子どもの大好きなこと、興味関心があることに気づきそれを大事にしながら、気軽に絵本を取り入れてほしいと思います。

絵本を保育の真ん中に

少し保育現場のお話もしましょう。冒頭でも触れましたが、絵本の重要性の理解は現場ごとにかなり落差があるようです。保育の計画に基づいて、いつ、どの絵本を読むかなどルーティン化されていることも多いようです。日々の活動の合間に、時間の区切りの一つとして、絵本の読み聞かせをすることもあります。絵本の体験が形式的で細切れになっている印象があり、「絵本が真ん中にある」とは言えない状況があります。

このことがすべて悪いわけではありませんが、日々変化する子どもの活動や思い、気づきとは関係なく絵本を与えられているかどうかに思うのです。おしゃべりしないでちゃんと聞いているかどうか、ちゃんとお集まりできているかばかり気にするために絵本があるようで、残念に思います。

豊かな絵本の読み聞かせが繰り広げられると、子どもたちは本当に物語に集中するので、気持ちのよい静かな時間になります。また時には、子どもたちから自然と言葉が出てきて、やりとりをしたり、読み聞かせの時間が終わっても活発な会話が続いたりします。わざわざ静かにしなさいと言わなくても、感想を聞かなくても、子どもたちが反応したくなるのです。物語の世界に入り込み、その世界について語りたくなるのです。絵本がちゃんと真ん中にあると、保育の実践も生き生きして、子どもも生き生きと語り、遊ぼうとします。

また絵本は、遊びや生活の中で子どもたちが何かに興味を持ったときに、その興味をより深める助けになります。子どもたちが「ゾウ」に興味を持っているなら、「どんな絵本を読んだらこの子たちはもっとゾウをおもしろいと思うか」ということを考えるのが大事ですし、その絵本が子どもの手に自然に渡るよう配慮することも保育者の大切な役割です。積木で何かを作っている時も、それにちなんだ絵本が傍にあれば、子どもがそれを目にしてイメージが膨らみ、違う遊びに広がることもあるでしょう。

子どもの日常の興味関心に合わせて、「今これだ」という絵本を、子どもたちが関わりやすい環境を構成していくことが、保育者として求められます。特に小さい年齢の子どもにとって絵本は、保育者自身とつなげてくれる役割もあります。保育者と仲良く過ごしたいと絵本を持ってくることもあるので、自分で手に取れるような工夫も必要です。

そして、年齢が上がるにつれて蔵書を増やし、もっと深く知りたい時にも選べるよう選択肢を充実させることが大切です。絵本を充実させることは、子どもたちにとって、欠かせない保育環境となります。

みんながいるから、もっとおもしろい

絵本について「コミュニケーションを生み出す意味」と前述しましたが、保育現場では保育者との関わりと同時に「まわりにいるさまざまな友達と共に楽しむ」ということも意味します。集団で絵本を

読むと、いろいろな子どもが、いろいろなことを感じて発言します。これが、子どもたちにとって大きな刺激になるのです。元々、本というのは個々に読むものであり、絵本もその一つでした。そんな絵本が、集団の中で楽しまれることで、違う魅力が生まれるのです。

保育現場での読み聞かせのよい点は、自分一人ではおもしろくならなかったことでも、友達同士相互に刺激し合い、おもしろい世界が相乗的に広がっていくことです。他者と共有できる喜びを絵本はもたらしてくれるのです。もしかすると、家庭の絵本体験だけでは、子どもが絵本を好きにならない場合もあるかもしれません。しかし、絵本が豊かな園にいれば、保育中におもしろい絵本がたくさん出てきます。子どもたちはその喜びをまた求めて、何度も読んでとお願いして、その喜びを何度も共有していきます。園での読み聞かせが豊かだと、たいていの子どもは絵本を好きになります。「大好きな友達がこんなにおもしろいものは、自分もおもしろい」となるのです。

保育という場は、人と人が共におもしろい文化をつくり上げる場所です。そこで丁寧に絵本を取り上げると、とてつもない世界が子

どもの中に広がることがあります。絵本体験が広がりを見せ「ブームが起きる」のです。例えば、絵本をきっかけに、石がおもしろいとか、みんなでクモを見つけるのがおもしろいといったブームが起こります。ブームを起こすのは物語の絵本もあれば科学の絵本もあるでしょう。おもしろさを共有してまた別の絵本に出会う。クモは何を食べるのかなと調べるうちに、今度は虫へとそのブームが広がるかもしれません。そうやって、絵本や図鑑という深い文化を体験していくのです。

　これが保育という集団で生活と遊びを営むことが生み出すダイナミズムです。絵本が保育の真ん中にあることがどれほど重要か、保育者はもちろんママにもパパにも、多くの方に知ってもらいたいと思います。

子どもと一緒に
ワクワクを見つけよう

「いい絵本は子どもに教えてもらってきた」とお伝えしました。このことは保育の現場でも同じで、保育のプロセスの中に絵本の質が

見出されると思っています。つまり、子どもと一緒に何かワクワクするものを見出していく過程で、その絵本のよさが見えてくるということです。

「いい絵本とはなにか？」それは、子どもが本当にワクワクするかどうかだと思います。ワクワクの仕方はいろいろです。お話の世界が広がっていくワクワクもあるし、展開のワクワクもあるし、巧妙に仕組まれたしかけそのものにワクワクするものもあるでしょう。

この本では、そのような視点から、子どもたちとの関係の中で、私が心惹かれた絵本を紹介しています。決して誰もが好きになる絵本というわけではありませんが、私自身のエピソードも含めて紹介しています。「私の絵本のワクワク」を参考にして、絵本体験を豊かにしていっていただければうれしいです。

みなさんそれぞれの「子どもの好きな絵本」、「一緒に楽しめる絵本」が見つかることを願っています。そして何より、そんな絵本が子育てを元気にすることを、一人でも多くの方に感じてもらいたいと思います。

第2章

子どもに寄り添う絵本

「繰り返し」に隠された大事な意味を知ろう

わが家には、子どもが3人います。妻と私は子どもが小さな頃、毎晩、寝るときに絵本を読んで聞かせました。その中で、忘れられない一冊が『すーちゃんとねこ』です。

2番目の息子が5歳、3番目の娘が3歳の時、この本を読みました。すると、3歳の娘は翌日から、毎日、この絵本ばかり「読んで」と繰り返し言うようになりました。

この絵本は、すーちゃんという女の子とねこちゃんが木に引っ掛かった風船を見つけるところから始まります。ねこちゃんが先に見つけて木に登って風船を取るのですが、すーちゃんはそれを奪い取って、意地悪をします。ねこちゃんは悲しくなってしまいます。

場面は替わって、ねこちゃんはさっきの木の上にいます。すると、次から次に風船が飛んでくるのです。ねこちゃんはたくさんの風船を抱え、すーちゃんに「これ　ぜーんぶ　ぼくの　ふうせん」と自慢します。

すーちゃんは黄色い風船を「ちょうだい」と言いますが、ここからねこちゃんの仕返しが始まります。言われた色の風船を飛ばしてしまうのです。そして、最後は2人とも一つずつ持った風船を手放し、空を見上げるというお話です。

ある日、３番目の娘がこの絵本を気に入った理由がわかりました。その娘と妻がもらってきたお菓子を「みんなで食べよう」と言うと、娘は２番目の息子には絶対あげないと言うのです。私がけんかになりそうな２人の間に入ると、娘は泣きながら「これ ぜーんぶ ○○ちゃんの」と叫びました。ねこちゃんと同じ言葉です。

その時、気づいたのです。当時の娘は２番目の息子に物を取られてしまうことが多く、ねこちゃんと同じ状態だったのです。なぜ、この絵本を気に入ったかといえば、きっとねこちゃんに感情移入していたのでしょう。

同じ絵本を繰り返し読むことには、その子にとっての大事な意味が隠されているのかもしれません。

子どもには子どもの現実があります。ファンタジーの世界に入ることで、現実を乗り越える力を備えていくのかもしれません。

『すーちゃんとねこ』／さのようこ 作／こぐま社

小さな出会い・感動を絵本で伝える

4歳児のみーくんは、大好きなサッくんと2人、園内で絵本を広げて見ています。みーくんはとても幸せそうです。だって、サッくんを独り占めして遊んでいるのですから。私が「今日は、サッくんと2人だね」と声を掛けると、みーくんは「そうなの。僕たち、友達なの」と満面の笑みでお返事してくれました。

その日、クラスでの集まりの時、みーくんは「今日、これ読んで」と一冊の絵本を持ってきました。それが『しろいうさぎとくろいうさぎ』です。「どうして、この絵本なの？」と聞くと、「だって、これ、『いつも、いつも、いつまでも、仲良しだよね』ってお話でしょ」と言うのです。サッくんと仲良く遊べたことが、よほどうれしかったのでしょう。そのことが、この絵本には描いてあるからだと言うのです。

この絵本は、白いうさぎと黒いうさぎの2匹が野原を駆け巡って遊んでいる場面から始まります。しかし、その最中、黒いうさぎが何度も浮かない顔をするのです。「さっきから、なにを　そんなに　かんがえてるの？」と白いうさぎが聞くと、黒いうさぎは「いつも　いつも、いつまでも、きみといっしょにいられますようにってさ」と答えるのです。白いうさぎも、「じゃ、わたし、これからさき、いつも　あな

たと　いっしょにいるわ」と返し、2匹は結婚して楽しく暮らしましたというお話です。

みーくんはこのことを言っているのですね。でも、これってラブストーリー。少し違うような。

この絵本を読んだ後、なぜ今日は、これを選んだかをクラスのみんなに説明しました。すると、一番前に座っていた一人の女の子に「え、これ、男と女の話だよ。お友達じゃないよ」と言われてしまいました。でも、みーくんはそれほどまでに、サッくんと仲良く遊べたことがうれしかったのです。この関係が、「いつも　いつも、いつまでも」と願うような気持ちでリクエストしたのでしょう。私も心からそう思いました。

園の中での、このような子ども同士の小さな出会い。保育の中での小さな感動を、大切にしたいものです。

『しろいうさぎとくろいうさぎ』／ガース・ウイリアムズ 文・絵　まつおかきょうこ 訳／福音館書店

雨の日の外遊びの魅力を発見

大人にとって梅雨時は、なんとなく憂鬱《ゆううつ》な気分になることが多いですね。通勤中の電車の大人たちは、心なしかイライラしている人が多そうです。でも、園の子どもたちはそうではありません。雨の日でも、外で主体的に遊べる時間を保障されている園の子どもたちは、笑顔と明るい声であふれています。

雨の日、ある園に行ってみると、子どもたちはさまざまな楽しみ方をしていました。

ある3歳児は、雨どいからテラスに落ちてくる水滴をじっと見ています。しばらくたつと、今度は自分のコップを持ってきて、その水滴を受け止め始めました。ポン、ポンといい音が響きます。その様子を遠巻きに見ている私の姿を見て、ニコッと笑いました。さらに、ままごとコーナーからおもちゃのフライパンを持ってきて、今度はそれで水滴を受け止めます。また、違った音のおもしろさがあります。

その様子を見つけた他の子たちが後から後から、まねをし始めました。そこに先生も関わって、みんなで雨音を楽しむ場ができたのです。

別の園では、数人の4歳の女児がレインコートを着て、雨の日の園庭を探索していました。園庭にカラフルな模様と弾むようなかわいら

しい高い声が響き渡り、まるで花が咲いたようです。

一人の子が他の子たちに「見て、見て」と言います。葉っぱの後ろに、じっと隠れるようにしていた虫を見つけたのです。ここから、虫探しが始まります。

しばらくたつと、砂場の横に水の流れる道を見つけました。すると、ここに川を作ろうと言って、スコップでもっとたくさんの水が流れる道を作り始めたのです。しばらく遊んだこの子たちは、先生に声を掛けられ、汗をいっぱいかいて、部屋に戻っていきました。

今回紹介する『雨、あめ』という絵本は、雨の日の、ある家庭での子どもの外遊びを描いたものです。

文字のない絵本ですが、その絵から、雨の日の外の世界がいかに豊かで魅力あるものかがよくわかります。外に行こうとするきょうだいを送り出し、迎える母親の姿勢もとてもいいのです。

園でも、家庭でも、雨の日だからこそ、その豊かさに出会える時間をつくってあげたいものです。


『雨、あめ』／ピーター・スピアー 作／評論社

子どもの小さな「見て、見て」には、大きな意味がある

子どもと過ごしていると、彼らは何度も「見て、見て」と言ってきます。手の中に何かを隠し持っていて、それを大事そうに開くと、中からかわいらしい泥だんごが顔を出します。「すごいねえ。○○ちゃん作ったの？」と聞くと、にっこり笑って「うん」と答えるのです。私は子どもの「見て、見て」に応じてやりとりする、この時間が大好きです。

私は子どもの頃、一度だけオニヤンマを捕ったことがあります。田舎で育った私でさえもなかなか捕まえられない、希少価値のあるトンボでした。

ある日、目の前を通るオニヤンマを見つけると、かぶっていた帽子をとっさに手に取り、ぱっとオニヤンマにかぶせました。帽子の中からは、バタバタという羽音が聞こえます。「捕った！」。私の心は躍りました。

中から飛び出さないように帽子の内側を胸のところにぴったりとつけ、小さな隙間から中をのぞき込むと、確かにオニヤンマはいます。さらに、私の心は弾みます。

そして、オニヤンマの羽を持って、中からそっと出しました。すると、感動は大きな落胆へと変わりました。なんと、首が取れてしまっていたのです。力強く帽子をかぶせすぎたのです。

私は走って家に帰り、母に「見て、見て」と言って、頭の無いオニヤンマを見せました。母はそれを見て、頭が無いことには触れず、にっこりと「オニヤンマ捕ったの」と答えてくれたのです。その瞬間、私は涙が止まらなくなってしまいました。

子どもの「見て、見て」には、小さなものから大きなものまで、その子にとってのドラマがあります。大切なのは、そう言いたい心が動く出来事があり、それを伝えたい相手がいることです。だからこそ、子どもの小さな、何度も繰り返される「見て、見て」を大事にしたいのです。『みてみて!』は、そんな子どもの「見て、見て」がたくさんある写真絵本です。思わず、声を掛けてしまいたくなるような写真で構成されています。

そんな、「見て、見て」が生まれる体験を、子どもに数多くさせたいものです。そして、「見て、見て」と言ってもらえる大人でありたいものです。

『みてみて!』／谷川俊太郎 ことば　小西貴士 写真
／こどものとも年中向き　2013年6月号／福音館書店

ぬいぐるみを分身と考える子どもごころ

『ほげちゃん』は、とても人気のある絵本です。ある日、ぬいぐるみのほげちゃんが、小さな女の子・ゆうちゃんに届けられた場面から物語は始まります。ゆうちゃんは、とてもほげちゃんを気に入りました。ゆうちゃんは、一緒に楽しく遊んでいるつもりです。しかし、ほげちゃんにとっては、足を持って振り回され、おなかにひもを巻かれて引っ張られ、パパからおならをかけられ、ママにドアに挟まれ、ネコのムウの座布団にされ、ゆうちゃんにケチャップの手形をつけられる毎日でした。

ある日、家族で出掛ける時、ほげちゃんは留守番でした。玄関に置かれ、ドアが閉められ、家族が出て行った瞬間、和やかなムードは一変します。ほげちゃんは、すっと立ち上がって「ゆるせなーい」と大きな声で叫び、ネコのムウは目をむき出して驚きます。ほげちゃんの怒りは止まらず、大暴れが始まります。

子どもたちにこの絵本を読んであげると、多くの子もムウのように目を丸くします。読み終わった後、多くの子どもたちが保育室にあるぬいぐるみや人形に恐る恐る触れる、ほほ笑ましい姿が見られます。小さな子どもたちにとって、ぬいぐるみや人形は特別な存在であるよ

うです。

ある保育園でこんなことがありました。2歳の女の子が、うさぎのぬいぐるみに布団を掛け、体をトントン触りながら、声を掛けています。「赤ちゃん、大丈夫よ。ママ早く帰ってくるからね」と言っているのです。

一緒に見ていた園長先生が、「この子のお母さん仕事が忙しくて、遅いことが多いの」と話してくれました。この子にとって、ぬいぐるみは自分そのもの。子どもにとって、ぬいぐるみや人形は、自分のパートナーであると同時に、分身のような存在でもあると思わされました。

その時園長先生は、「だから、ぬいぐるみや人形は、保育者が丁寧に扱うことが大事。オモチャと一緒の箱に入れるのではなく、きちんと座らせたり、ベッドに寝かせてあげたりするのがいいの」と話してくれました。

なるほど、ぬいぐるみや人形を丁寧に扱う園がたくさんあるのはそういうことだと、学びの機会をいただきました。ぬいぐるみや人形も丁寧に扱いたいと思います。

『ほげちゃん』／やぎたみこ 作／偕成社

集団を外れてしまう子どもの思い

『フレデリック』は、私の好きな絵本の一つです。「ちょっと　かわった　のねずみの　はなし」と、サブタイトルがついています。

野ねずみたちは、冬ごもりのために食べ物を運ぶなど、せっせと働いています。そんな中、フレデリックだけは働かず、じっとしています。「どうして　きみは　はたらかないの？」という問い掛けに、フレデリックは「こう　みえたって、はたらいてるよ」と言い、寒くて暗い冬のために「おひさまの　ひかりを　あつめてるんだ」と答えるのです。眠っているだけに見えるのですが、光だけでなく色や言葉を集めているとも答えました。みんなは腹を立てます。

そして冬が来ました。食べ物もだんだん尽きてきて、みんなも暗い気持ちになります。そこで、フレデリックの出番がやってきます。フレデリックの言葉で、みんなのイメージの世界に温かい光や鮮やかな色が描き出され、詩人のような言葉がみんなを驚かせ、幸せな気持ちにさせたのです。

この話には、納得できないと感じる人もいるでしょう。みんなが頑張っている時に、一緒に働かないのですから。アリとキリギリスのような展開を期待した人もいるかもしれません。

確かに、協力的ではない人がいると、困ることはたくさんあります。でも、それを強調しすぎると、大切なことを見失うかもしれません。

ある園での出来事です。発表会の劇の練習の時、Aちゃんは一人だけ参加せずに空き箱で遊んでいました。Aちゃんはこのように集団から外れることがよくあるのです。

その姿に担任の先生は、「今、何をするときなの?」と少し厳しい口調で言いました。すると、それを見ていた他の子は、「Aちゃんは、劇に使うやつを考えて作ってるんだよ」と言ったのです。先生が聞くと、Aちゃんは「そうなの」と恥ずかしそうに言いました。

この出来事から先生は反省したそうです。「みんな一緒に行動させることばかりに気持ちがいってしまうと、一人ひとりの思いが見えなくなってしまうことに気づかされました」と話してくれました。

その時、絵本の中で、「そういうわけさ」と恥ずかしそうにおじぎをするフレデリックの姿を思い出し、私はうれしくなりました。

『フレデリック』／レオ＝レオニ 作　谷川俊太郎 訳／好学社

けんかで育つ「共感」と「思いやり」

『けんかのきもち』は、2人の男の子の激しいけんかが描かれている絵本です。2人の間で、蹴り、パンチ、取っ組み合いが起こります。それからやられた子は悔しくて、泣きながら家に帰ってしまいます。けんかをした相手が母親の胸で泣きますが、気持ちは収まりません。けんかをした相手が家に「ごめんな」と謝りにきますが、納得がいかないのです。

しばらくして、園の友達がみんなで作った餃子を家に持ってきてくれました。それをたくさん食べると元気になって、また園に戻ることができました。そこで、2人は「さっきは、ごめんな」と言って、笑顔で和解できたというお話です。これを読むと、自分の子ども時代を思い出し、何か、うれしい気持ちになります。

最近は、気持ちや体をぶつけ合うような、こうしたけんかを見ることが少なくなりました。それは、「けんか」は、「トラブル」として扱われ、「悪いこと」と見られるようになってしまったからでしょう。だから、けんかを未然に防ぐことが、保育者がすべき関わりになってしまっているのです。

あるセミナーで、5歳児2人のけんかの場面の映像を見ながら、みんなでディスカッションした時のことです。仲良しの女の子と男の子

のたたき合いがエスカレートし、言い争いをする場面です。

互いに真剣なのですが、そのやりとりがおもしろいのです。男の子は「トムとジェリーは仲良くけんかするんだよ」と言ったり、女の子は「私がいつも怒ってばっかりって言うのがイヤ」と言ったり。最後は、「じゃあ、俺がお弁当早く食べればいいのか」という男の子の姿に女の子が笑いだし、何となくけんかは収束していきます。

何げない言い争いのようですが、気持ちを出し合えること、出し合いながらも歩み寄ろうとする姿に、互いへの親しみがとても感じられるのです。

子ども同士が自分の気持ちを出せる場があるのは、相手の気持ちを理解しようとすることや、相手をもっといとおしく思える経験になっているように思えます。

「共感」や「思いやり」の気持ちは、大人や友達が見守る中で、自分の気持ちを他者に本気で出すことができる「けんか」を通じ、育つ部分も大きいのではないでしょうか。

『けんかのきもち』／柴田愛子 文　伊藤秀男 絵／ポプラ社

先生の笑顔が親子を救う

4月は、新入園・進級の子どもたちの希望に満ちた笑顔があふれる季節です。一方、不安そうな顔や大きな泣き声も聞こえます。『ようちえんいやや』は、そんな新しい園生活に、不安を持つ子の気持ちを代弁した絵本です。

「えんちょうせんせいにあいさつするのいや」「ももぐみだからいや」と、園のすべてが嫌なのです。これは、どの園にもある姿です。

子どもの不安は、親の不安にもつながります。わが家にも、毎朝「(園に)行きたくない」と言って猛烈にごねる子がいました。「わかった。じゃあ、まずはごはんを食べようか」など、私はあの手、この手で子の気持ちが切り替わるように声掛けします。私の気持ちは、ぴんと張り詰めています。もう、へとへとです。

子どものタイプによって、園に行くのが楽しくて仕方がない子もいれば、生活の変化を極端に嫌がる子もいます。一見、大丈夫そうに見えても、本当はとても緊張している子もいます。

ある日、わが子がなんとか外に出てくれたので、うまく園まで辿り着けた日がありました。ただし、気持ちをごまかしながら来たので、服はパジャマのまま。すると、園の先生たちは「よく来てくれた」と満

面の笑顔で言ってくれたのです。そして、私には「パジャマでＯＫ」と声を掛けてくれました。パジャマで行くのがいいとは思っていません。しかし、親として、先生方のそのひと言に救われました。

この子の場合、慣れるまで時間がかかりましたが、その後は園生活が大好きになりました。先生方がわが子のわがままをたくさん受け止め、子や親の不安な気持ちに寄り添ってくれたことが、どれほどありがたかったかと今でも思い返します。

保育園入園では親が仕事に復帰しますから、子どもが園生活に慣れるか、自分が仕事にうまく復帰できるかという二重の不安がありますね。「安心してください」と温かく受け止めてくれる、先生方の笑顔に救われることでしょう。泣いている子どもたちもそうです。「嫌だよね」と気持ちをわかってくれる大人がいることで、安心できる気持ちになるでしょう。

保育園、幼稚園、こども園の先生方の受容的な関わりが、親子双方にとって大きな救いとなるのです。

『ようちえんいやや』／長谷川義史 作・絵／童心社

繰り返しの読み聞かせが、現実を乗り越える力に

ある子育て広場に行くと、２歳前後の男の子が『トマトさん』をお母さんに読んでもらっていました。お母さんによると、男の子はこの絵本が大好きで、「最近、こればっかりなんです。もっと、いろんな絵本を読んでもらいたいと思っているんです」と話してくれました。

親としては、幅広く興味を持ってほしいという気持ちがあり、読む側としても飽きてくるので、あまりよく思えないということでした。このような話を小さな子の親からよく聞くので、子どもが同じ絵本を何度も読みたがるのはなぜかと考えることがあります。

この絵本は、真っ赤で大きな顔のトマトさんが画面いっぱいに広がる表紙で、確かに魅力的です。夏の暑い日にミニトマトたちは小川に飛び込み、涼んでいます。でも、トマトさんは「みっともない」と言って、小川に入りません。しかし、日照りが続き、その暑さに涙がこぼれてきました。

本当は入らないのではなく、体が重くて小川に飛び込むことができなかったのです。それを知った多くの虫たちが力を合わせ、何とか小川に転がすことができました。トマトさんも冷たい水の中に入ることができて、大喜びというお話です。

ある日、保育士たちとの勉強会で、『トマトさん』が大好きな2歳の子どもの話になりました。この絵本ばかりを「読んで」と持ってくる時期があったそうです。

その保育士は「なぜだろう」と考えました。その時期、この子はうまくいかないことが多く、みんなの前で泣くことが多かったそうです。その出来事を思い出し、この絵本を繰り返し選ぶのは、自分自身とトマトさんの、うまくいかない気持ちを重ねていたのではないかと気づいたそうです。

自分がうまくいかない時に、周りのみんなから優しく声を掛けてもらうことが、うれしかったのではないかと話してくれました。

もしかすると、子どもが同じ絵本を繰り返し読んでと言ってくるのは、その時期の内面を反映しているのかもしれません。登場人物に自分を重ね、現実を乗り越えようとしているとも考えられます。そう考えると、何度も同じ絵本を持ってくる子どもの気持ちがいとおしく見えてきます。

『トマトさん』／田中清代 作／福音館書店

保育と子育ての結晶。5歳児の手作り絵本

私が、心を打たれた絵本の一つです。それは、ある保育園の5歳女児の手作り絵本『あまだれぽったんのおはなし』です。

ある日、つむぎさんは保育園に、家で作った絵本を持ってきました。普段、そうした表現をする子ではないので、担任はとても驚いたそうです。タイトルは、以前歌った「あまだれぽったん」(作詞・作曲 一宮道子)から採ったようです。

先生宛ての手作りの入れものからは、ステキな「あまだれぽったん」の絵が出てきました。「ここはくものほいくえんです。あまだれぽったんたちがげんきにあそんでいます。」とあります。つむぎさんの母親が言葉を聞き取って、文字を書いてくれたとのこと。そして、「きょうはみんなでおさんぽにいきます。えんちょうせんせいもてをふっています。みんなもてをふっています。」と続きます。

大勢のあまだれの顔を見ると、一人ひとりの顔がすべて違っており、丁寧に描き分けられているのがわかります。園長先生の顔、先頭にいるのはきっと担任の先生の顔です。この細やかさに、先生や友達への思いを感じ取ることができます。

散歩で歩く場面では、「おおきいぽったん」が「ちいさいぽったん」と

手をつないでいます。そしてバスに乗り、「そらのこどもひろば」に着いて遊び、その後、お迎えの時間になってみんな帰っていくのです。

これは、毎日の園生活そのものです。「おおきいぽったん」と「ちいさいぽったん」は、5歳児と3歳児のペアのこと。「そらのこどもひろば」は、いつも散歩に行く広場のことです。普段は言葉で伝えることが少ない子だったのですが、毎日の園生活がいかに幸せに満ちているかを表現しています。

母親が丁寧に、子どもの言葉を聞き取っているのもいいですね。普段からこうして、娘の言葉を聞いているのでしょう。だからこそ、これほど豊かな表現がなされているのだと思います。また、担任が絵本好きで、毎日、こだわって絵本を読んでいたことも影響しているのかもしれません。

「保育園の毎日、そして先生や仲間、みんな大好き！」という、保育園への愛に満ちた絵本。すてきな保育と、家庭での子育ての結晶が見えてくるようです。やっぱり、保育は素晴らしい。

『あまだれぽったんのおはなし』／小林紬 作

大好きな絵本が、創造力を育む

ある園の年長組の話です。このクラスでは、「ノラネコぐんだん」シリーズが大ブーム。この絵本は、ノラネコのいたずらから「ドッカーン」と爆発し、最後には叱られて反省するというお決まりのパターンが展開されるおもしろさが特徴です。

ある時、シリーズの第2弾『ノラネコぐんだん　きしゃぽっぽ』が、ハードカバーで出版されました。さっそく先生が教室へ持って行きました。すると、シリーズでお話が続くことを知った子どもたちから、「新しいお話をもっとほしい」という反応がでました。

そこで、以前、このクラスの子どもが「あまだれぽったん」の絵本を作ったこと(46頁)を思い出し、「自分たちでノラネコの絵本を作っちゃおう！」という話になりました。そして発表会で見せようというのです。タイトルもみんなで決めました。「ロケットドッカーン」です。

話し合いの中で出たのは、「ノラネコ、何匹作ればいいかな」という声。子どもたちは、キャラクターを切り抜いて貼りつける方法を取るようです。それは、「あまだれぽったん」と同じ作り方。前に経験したことを、きちんと取り込んでいます。

中には、絵や工作に苦手意識があり、絵本作りに加わらない子ども

『ノラネコぐんだん　きしゃぽっぽ』／工藤ノリコ 作／白泉社

もいます。でも、「ロケットはどう描こう」となった時、「ロケットなら描ける」と言って、この子どもも参加してきました。これまで、参加しなかったのではなく、参加するチャンスを探っていたのですね。

「ドッカーン」の場面でも、どう描こうかとみんなで頭を抱えるのですが、描くことがあまり得意ではない子の、一見グチャグチャにしか見えない絵を採用することにしたのです。でも、それはダイナミックですてきな絵でした。真ん中に「ドッカーン」と文字が入ると、なかなかの迫力。そして、絵本が完成しました。

子どもは、大好きな絵本からイメージを触発されます。特に、この絵本のようなお決まりのパターンは、イメージしやすいようです。そして、このクラスの子どもたちは、楽しさと互いのよさを共有し合っているからこそ、一人ひとりの個性を生かしながらイメージを共有し、作品化していけたのだと思いました。

思い出を心に秘め、新たな日々へ

数年前に大好きだった義父（妻の父）が他界しました。多趣味な人で、ワインや寿司のおいしさも、旅行やラグビー観戦のおもしろさも、家族を大事にすることも、みんな義父から教わりました。地域の人からも慕われていて、葬儀は盛大でした。

うちの３人の子どもたちもとてもかわいがってもらい、彼らもおじいちゃんが大好きでした。でも、周囲の大人が涙を流す中、子どもたちは涙を見せませんでした。家に帰ってからも、誰も祖父のことを口にしません。彼らはどのように、大好きな祖父の死を受け止めたのでしょうか。

そんな時、私の目の前にあった絵本が、『おじいちゃん』でした。おしゃれな服装や、まるで少年のように子どもとつき合うところなど、義父と似ています。

この絵本では、何げない小さなやりとりの場面がいとおしく描かれています。その中に、女の子が外の葉っぱや土などで作った料理を差し出す場面があります。娘の小さな頃、義父との間でこれと似たやり取りがあったなあと思い出しました。

次男は、夏休みも冬休みも妻の実家に長期滞在し、２人で碁を打っ

ていました。次男は、義父から碁を教わったのです。小さな頃、2人は会うたびに大ゲンカをしていました。「おじいちゃんにむかってそういうくちのききかたは　ないだろ」という絵本のやりとりは、義父と次男のやりとりのようです。晩年は、次男が誰よりも義父と仲良しでした。私が知らない2人の思い出が、たくさんあると思います。

絵本の最後で、誰もいないおじいちゃんの大きな緑色の椅子を、女の子がじっと見る場面があります。そして、女の子は何も言わず、乳母車を押しながら犬を連れ、一人外を走り出す姿でこの物語は終わるのです。

私はこの最後の場面を見ながら、「きっとこういうことなのかな」と思いました。うちの子たちは、この女の子と同じように、たくさんの思い出を心に秘めて、新しい毎日を歩み始めたのだと。そして、私たちの記憶は、この絵本の最初のページ、おじいちゃんが「よくきたねげんきかい？」と大きく手を広げる場面に戻るのです。

次男は、義父の亡き後も、夏休みには妻の実家に出かけて行きます。

『おじいちゃん』／ジョン・バーニンガム 作　谷川俊太郎 訳／ほるぷ出版

本物にこだわり、夢が実現される保育

「ラララン　ロロロン　はなもようの　ワンピース　わたしに　にあうかしら」。子どもたちが大好きな絵本、『わたしのワンピース』です。うさぎのワンピースが周囲の景色にどんどん変わっていく、夢のあるお話です。繰り返される「ラララン　ロロロン」は、私が25年以上前に担任した子どもたちの大好きなフレーズでした。

ある日、一人の女の子が「おおまめ先生が読むとなんか変」と言いました。どうも、男の私が、かわいらしく「ラララン　ロロロン」と読むのに違和感があったようです。確かに、そうかもしれません。みんなの「なんか変」の言葉で盛り上がったこの日のことは、今でも忘れられません。

そんなこととは関係なく、私のところにいつもこの絵本を読んでほしいと持ってくる、一人の女の子がいました。その子はこの絵本が大好きで、うっとりするような顔をして、その世界に入り込んでいたのです。

ある日、「これ、描いたの」と言って、ワンピースの絵を見せてくれたこともありました。そういえば、この子の洋服もかわいらしい服が多く、おそらく母親も、わが娘の「カワイイ」ものが大好きな世界観を大事にしているのでした。

『わたしのワンピース』／西巻茅子 作／こぐま社

空から降ってきた1枚の布を、「ミシン　カタカタ」させてできたワンピース。その絵柄が変わっていくのですから、夢にあふれています。以前に伺った園で、おもしろい話を聞きました。園児が遊びを通して服作りに興味を持ち始め、そこから古着のアーティストと一緒に子どもが実際に型紙を作り、布から服を作ったそうです。また別の園でも、子どもがミシンで縫い物をして、服を作るという事例がありました。どちらも、すてきな作品ができていました。きっと、でき上がるまでのプロセスの中に、たくさんのドラマがあったと思います。『わたしのワンピース』の世界だと感激しました。絵本のように、自分のイメージが服になっていくのです。まさに、夢が実現される保育ですね。

私はカラーポリ袋をかぶって服にするくらいしか発想がなかったので、本物にこだわるのはすごいと思いました。私のクラスにいたあの子にこんな経験をさせられたらどれほど喜んだだろうかと、懐かしくあの頃を振り返りました。

衣服は子どものアイデンティティー

園で子どもたちと過ごしていると、うれしそうに自分のパンツを見せてくれる子がいます。「あのね。ぼくね。○○がついているパンツなんだ。この間ね、ママが買ってくれたんだ」と話してくれます。しかも、わざわざズボンを脱いで見せてくれるのです。不思議な光景ですが、とても温かさを感じる場面です。

『しろくまのパンツ』は、大人気の絵本です。真っ赤なパンツをはいた、シロクマの表紙。初めて読んでもらう子が衝撃を受けるのは、その真っ赤なパンツを脱がせることで物語が始まる事です。これがおもしろく、何度も脱がせたり、はかせたりすることを楽しむ子もいます。お話は、しろくまくんがなくしてしまったパンツを、ねずみさんが一緒に探してくれるもの。次から次へと、バラエティーに富んだパンツが登場します。ページをめくるごとに「あ！」という声が出る、子どもも大人も笑いが絶えない1冊です。

子どもたちは、既に何度も読んでもらっていて、それが誰のパンツかわかっているのに「もう1回、もう1回」と言います。「ねずみが大好き」と書かれたパンツの時は、みんなドキドキです。そう、そのパンツは、ねずみを食べちゃう、ねこさんのパンツなのです。

そして、この絵本の結末は、「なーんだ、そうだったのか」と笑いを誘うものです。

ある保育園でのこと。2歳児のミキちゃんは、泣きながらお母さんに抱っこされて登園しました。お母さんと別れても、「ズボンをはかない」と言って泣いています。

そこで、みんなが大好きな『しろくまのパンツ』を読み始めると、なんと「ズボンはく」と言いだしたのです。先生は最後に脱がせた真っ赤なパンツを絵本にはかせるのですが、その前にズボンをはき終えたミキちゃんは「私、もうズボンはいてるもん」と、満足げな顔をしていました。

子どもにとってパンツや衣服は、自分の一部であり、家庭とのつながりであり、親しみのあるものです。パンツを単なる生活習慣の指導として見るのではなく、その子のアイデンティティー（大切なもの）として見てあげると、気持ちにぐっと寄り添うことができるのではないでしょうか。

『しろくまのパンツ』／tupera tupera作／ブロンズ新社

大人の表情を通した、つながりの重要性

『かお かお どんなかお』は、わが家の子どもたちが好きだった絵本の一つです。「たのしい　かお」「かなしい　かお」「おこった　かお」「たくましい　かお」など、ページをめくるごとにたくさんの顔が登場します。

中でもわが子が好きだったのは、「からい　かお」や「いたずらなかお」でした。私がその顔をまねして読むためか、子どももその顔をまねたりするやりとりが楽しいひと時でした。

赤ちゃん絵本には顔が出てくるものが多くあります。おそらく、「赤ちゃんは顔が好き」という特性があるからでしょう。

山口真美先生の赤ちゃんの顔認識の研究は有名ですが、赤ちゃんは顔から、さまざまな情報を読み取るといわれています。ずいぶん早い段階で、赤ちゃんはいつも見ている顔が誰であるかを認識できるようになるそうです。

保育園の先生方との勉強会でそんな話をすると、その後幾つかの園で先生が顔ものの絵本を0歳児クラス（ほとんどが1歳の誕生日を迎えている時期）に読んでみたそうです。ある先生が何冊か読んだところ、特に子どもが好きだったのは顔写真が出てくる絵本だったそうです。

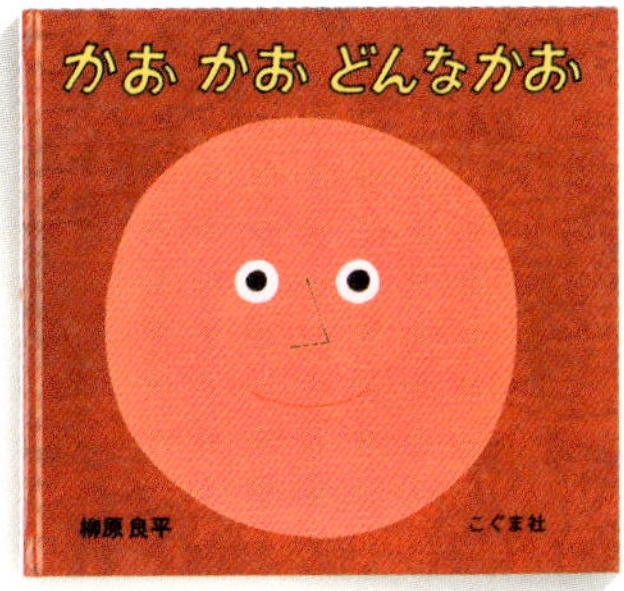

そこで、その先生はアイデアがひらめき、0歳児担当の保育士一人ひとりの「いないいない」の顔写真と「ばあ」の顔写真を撮り、それを引き伸ばして絵本にしたそうです。「〇〇先生が…」「いないいない」「ばあ」と、一人2枚セットで絵本のように読み聞かせるそうです。

すると、それが大ヒット。子どもたちは楽しんで、その本を何度も読んでもらいたがり、またその先生と写真絵本を何度も見比べるようになったそうです。大好きな先生の顔が出てくることが、とてもうれしいのです。

あらためて、表情によるコミュニケーションの大切さに気づかされます。赤ちゃんは大好きな親の表情を通して、自分が置かれた状況を受け入れるか否かを判断するという研究もあります。そのことが、社会とのつながりをつくっていくことになるのだというのです。

そうであれば、親や保育者の顔（表情）を通したつながりが、どれほど大事かがわかります。傍らにいる大人の表情を、子どもは「かお　かお　どんなかお」と見ているのかもしれませんね。

『かお かお どんなかお』／柳原良平 作・絵／こぐま社

トラブルになっても、思いを吐き出す大切な経験

4歳児のサトシくんは『いたずらきかんしゃちゅうちゅう』が大好きでした。「ぼく、この絵本が好きなんだ」と私のところに持ってきた日のことを、今でも鮮明に覚えています。

この絵本は、かわいい機関車ちゅうちゅうの冒険物語です。彼はいつも客車や貨車を引いて走っていきます。ある日、彼はこう考えました。重い客車がなければもっと早く走れ、みんなの注目を浴びることができると。そして、彼はそれを実行しました。小さなちゅうちゅうが踏切を無視し、すべてを振り切って走り抜けていくのです。でも、周りには大迷惑を掛けています。トラブルを起こしたちゅうちゅうは反省しますが、温かく受け止めてくれる周囲の姿も印象的です。

サトシくんは、体の小さな子どもでした。電車や恐竜が大好きな彼は、豊かな自分の世界を持った子です。でも、他の子が何か言うと、つい黙ってしまうことがよくありました。友達の前では、なかなか自分の思いを出せなかったのです。

ある日、彼は友達と言い争いになりました。普段は黙ってしまうサトシくんが、「ぼくはね…」と自分の思いを言いだしたのです。たたき合いのけんかになってしまいましたが、手を出してきた友達にサトシ

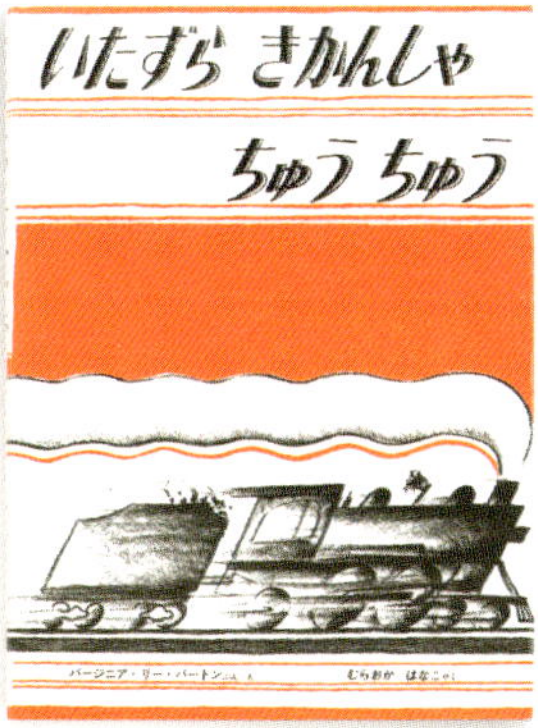

くんが立ち向かっていく姿は頼もしく、私はすぐに止めることができませんでした。

私はサトシくんのこの姿を、ちゅうちゅうに重ねていました。体の小さなサトシくんが、ちゅうちゅうのように、これまでの制約から自分を解放して走り出しているように見えたのです。この機会を通して、サトシくんは以前よりも堂々と自分の思いを出すようになったと感じました。

でも、けんかをすぐに止めなかったことで、保護者にはとても嫌な思いをさせてしまいました。その時、当時の副園長は、私の思いを含めて丁寧に保護者に話をしてくださり、とてもありがたかったです。

今、けんかやトラブルは未然に防ぐことが一般化される傾向があります。でも、ちゅうちゅうのトラブルも、サトシくんのけんかも、自分の世界を広げ、他者とのよりよい関係につながる子ども時代の大切な経験と考えるのは、無理があるでしょうか。

『いたずらきかんしゃちゅうちゅう』
／バージニア・リー・バートン 文・絵　むらおかはなこ 訳／福音館書店

目に見えない存在を、信じる時間を大切に

居酒屋で、子ども時代のサンタクロースの話題で盛り上がることがあります。自分は子どもの頃、サンタクロースの正体をどのように知ったかという話です。中には笑ってしまうような、残念なエピソードも少なくありません。

子どもは成長に従い、サンタクロースの存在を疑うようになるものです。『サンタクロースってほんとにいるの？』は、サンタクロースをめぐる子どもの問いに対する、親子のやりとりの絵本です。

子どもは「なぜ煙突がなくても来られるのか」「どうして自分の欲しいものがわかるのか」「サンタは年を取って死なないのか」などの質問を、次から次に投げ掛けてきます。それに対して、お父さんとお母さんが懸命に答える姿が何ともほほ笑ましいです。

うちの長男も小学生時代、「友達が家で『今年はサンタさんからゲームが欲しい』と話したら、その子のパパが『今年はブロックだよ』と言い、本当にそうだった」という話をしてきたことがありました。

その後も、絵本の男の子のように「世界中に子どもはたくさんいるのに、サンタさんがそんなにたくさんいるはずはない」「地球の自転に逆らって回れば少しは速いかもしれないけど、そんなスピードで一

サンタクロースって
ほんとに いるの?
てるおか いつこ・文
すぎうら はんも・絵

晩に回れるはずがない」などと言い、私と深く議論しました。私は一貫して「サンタはいる」と言い続けました。

興味深いのは、うちの子もこの絵本の男の子も、その正体は一切口にしないことです。うっすらわかってはいるものの、そう思いたくはないのでしょう。

わが家の3人の子どもは大きく成長し、恐らく正体をわかっていると思います。でも誰もそれを口にしません。どこかでサンタクロースは本当にいると信じていたいのです。サンタクロースが来ることを信じるクリスマスは、誰にとっても幸せな時間ですから。

子どもがサンタクロースにプレゼントをお願いするやりとりの時間は、つかの間の至福の時間です。どこの家庭や園でも、小さな子どもたちがサンタクロースのような目に見えない存在に、真剣な願いを持つ時間を大切にしてほしいものです。わが家の大きな子どもたちに、次のクリスマスには、どんなサンタクロースが来るのでしょうか?

『サンタクロースってほんとにいるの?』

/てるおかいつこ 文　すぎうらはんも 絵/福音館書店

一人ひとりが
自分の本を手にする経験

若い頃、『はらぺこあおむし』を3歳児に読んだことがありました。絵本を1枚めくるごとに、子どもたちから声が上がるのです。表紙を見て「青虫大きい」と言ったり、卵がぽんと産まれたところで「たまご、たまご」と指さししたりする子どもがいるなど、「なんて反響があっておもしろいんだ」と思いました。

そして、最後の場面。青虫が太く、大きくなり、さなぎになった後、「きれいなちょうになりました」と終わります。その美しいチョウの絵を見て、「あ」と声を上げた子がいました。子どもたちの顔を見ると、みんなうっとりしています。先ほどまで大騒ぎしていた子どもが、そんな顔をするのです。感動でした。この絵本のすごさを実感させられました。

ある園での、1歳児の『はらぺこあおむし』の事例を聞きました。この絵本には、新沢としひこさんのCDがあるそうです。それに合わせて絵本を読むと、虫と歌が好きな子どもたちの大ブームになりました。1歳児もこの絵本を楽しめるのです。

ある日、先生が高い場所の絵本棚から絵本を探していると、ヨウタくんは「あおむしとって」と言いました。背表紙が少し見えただけで、

それが『はらぺこあおむし』であることがわかるようです。取ってあげると、みんなが「貸して」と言い、ヨウタくんは独占できずに困っています。担任が「じゃあ、先生がみんなに読んであげる」と言うと、ヨウタくんは怒ったように「先生は大きいの（大型絵本）があるでしょ」「あおむしがいっぱいあればいいんだよ」と言ったのです。確かに、その通りです。

そこで担任は、8冊の『はらぺこあおむし』を準備しました。すると、他の子にも絵本を手渡すヨウタくんの姿が見られました。みんなが大好きだとわかっているので、独占はしません。そして、先生が大型絵本を読み、自分が小さな絵本を一緒に読むのを楽しみました。さらに、それまで興味のなかった子もこの絵本を手にし、ＣＤに合わせて歌い出す姿が見られたのです。

時には、クラスに1冊という枠組みを外してもいいのではないでしょうか。絵本のすてきさをみんなで共有するため、一人ひとりが自分の絵本を手にする経験も大切だと思いました。

『はらぺこあおむし』／エリック＝カール 作　もりひさし 訳／偕成社

第3章

ママに寄り添う絵本

表情から思いを読み取る

0、1歳児の親向けの講演で、お子さんが同室にいる場合、必ず持っていく絵本が『いない　いない　ばあ』です。少しざわついてきたところでこの絵本を読むと、驚くほど子どもたちがこちらを向き、引き込まれていく姿があります。

その姿もいろいろです。「にゃあにゃが　ほらほら　いない　いない」の後、ちょっとためて読むと、先に「ばあ」と言う子が出てきます。中には、うれしくなり、どんどん前に出てくる子もいます。何が出てきても「わんわん」と言う子もいて、会場の親たちがどっとうける場面です。

親にとっても、子どもはこんなに絵本に興味を持つのだと実感できるのです。だから、私にとっての鉄板絵本なのです。

なぜ、小さな子どもたちは、この『いない　いない　ばあ』が好きなのでしょうか。いろいろな説があると思いますが、子どもは「顔が好き」という特徴があるからだと私は思います。考えてみると、赤ちゃん絵本には、顔ものが多いことに気づかされます。

『赤ちゃんは顔をよむ』などの著書のある山口真美さんは、赤ちゃんにとって顔はさまざまな情報を読み取る重要なものだといいます。何

『いない　いない　ばあ』／松谷みよ子 文　瀬川康男 絵／童心社

か困った場面などで、赤ちゃんは、母親の表情を見て自分のすべきことを判断することもあるそうです（社会的参照といわれる行動）。

なぜ母親かといえば、自分と最も一緒にいる人の顔が特別な存在になるからだと山口さんはいいます。だから、親が子どもに顔を向けて語り掛けることは、とても大切なんですね。

さらにつけ加えると子どもは笑顔だけでなく、多様な表情を好むともいわれ、大好きな人の表情から、社会とのつながり方まで学んでいきます。「いない　いない　ばあ」などを通して、親子で表情のやりとりを楽しむことはとても大切なのです。

もっとも、一番好きなのは、大好きな人の機嫌のいい表情だと思います。そう考えると、「いない　いない　ばあ」と赤ちゃんと向き合い、こちらも自然に笑顔になることはとてもいいことだと思います。

無条件の愛が、子どもの個性を伸ばす

トーマスは、園の木馬が大好き。今日も木馬を独り占めし、たくさんの子どもが「わたしも　のせて」と言いますが聞き入れません。すると、一人の子が「トーマスの顔を(見て)ごらん」と言うのです。鏡を見てみると、トーマスの顔は馬になっているのです。

でも、トーマスは開き直り、暴れ馬だと言い、大暴れ。それを見た先生は叱ると思ったら、意外にも「まあ、いいでしょう。うまのこだって、こどもは　こども」と受け入れるのです。

先生がトーマスを受容的に受け入れたからでしょうか。トーマスのよさがあちこちで発揮されます。給食でニンジンが出ると、一人おいしそうに食べるのです。その姿に引かれ、気がつくと他の子もおいしいと言って食べ始めます。逆立ちも得意で、人気者です。

その後、大変なことが起こります。トーマスのお母さんだけ、なかなか迎えに来ないのです。トーマスは、自分の顔が馬になってしまったからではないかと心配になり、目から涙がこぼれ落ちそうになりました。自分が悪いことをしたから、お母さんは迎えに来ないのではないかと思い始めたのです。

この絵本、『トーマスのもくば』を、幾つかの園で読んだことがあり

ます。この場面になると、多くの子が神妙な顔になるのです。自分も悪いことをするから、お母さんも本当は「悪い子」と思っているのではと心配になり始めるのです。

絵本では、この後、お母さんが迎えに来ます。トーマスは、なぜ馬の子になってしまったかを懸命に伝えます。それに対してお母さんは、「まあ、たいへん。だけど、おかあさんには、（トーマスだって）ちゃんと　わかりますよ」と答えるのです。

トーマスはうれしくなって、「ひひひーん」と叫ぶのです。絵本を見ている子どもたちも、ほっとしたように「ひひひーん」とまねて、みんなで笑い転げます。

大好きなお母さんに自分を無条件で受け入れてもらえることは、子どもにとって何よりうれしいことです。先生も同様の存在です。トーマスの先生が彼を受け入れたからこそ、トーマスは魅力的な自分を発揮できたのです。叱ることがあっても、子どもには無条件の愛を与えたいものです。

『トーマスのもくば』／小風さち 作　長新太 絵／福音館書店

嫌いな食べ物をなくす ちょっとした魔法

乳幼児期の子どもにとって、食べ物の好き嫌いは大きなテーマです。親にとっても、子育ての悩みの上位に挙がります。先日も「全く白いご飯を食べないけど、どうしたらよいですか？」という、母親からの相談が寄せられました。多くの親は作り方を変えるなど試行錯誤していますが、なかなか思い通りにはいかないものです。そんな悩みにヒントを与える絵本が『ぜったいたべないからね』です。

兄のチャーリーは、妹ローラの食事を用意しなければなりません。しかし、ローラは好き嫌いが激しい子。嫌いなものは「ぜったいに食べない」と言い張ります。困ったチャーリーは、いいことを思いつきます。彼女の大嫌いなニンジンを出し、「それはにんじんじゃないよ」「はるばる　もくせいから　とどいた〝えだみかん〟だよ」と言うのです。ローラは「ひとくち　かじってみようかな」と言い、恐る恐るかじったのです。そして、「わるくない　あじね」とつぶやいたのです。この後も、チャーリーの豊かなイメージを伴った命名はさえわたり、ローラは嫌いな食べ物を次々と口にしていきます。

園で子どもの姿を見ていると、よく見られる光景です。先生が「今日の給食のお魚は、ちょっと特別でね。実は…」なんて話をすると、

多くの子どもが真剣に話を聞き、魚嫌いの子が食べたということもありました。

クラスで育てたハツカダイコンを、野菜嫌いな子が食べたこともあります。好き嫌いの多かった子が、先生や友達がおいしそうに給食を食べるのを見て、何でも食べるようになったという話もよくあることです。

好き嫌いをなくすには、親や先生が必死になるよりも大切なことがあります。それは、食べ物の「見え方が変わる」ちょっとした魔法をかけることです。

チャーリーのように、食べ物を物語の世界とつなげて伝えることもその一つです。他にも、時間のかかる魔法ですが、園での子ども同士の関係が深まることや、遊びなどの興味・関心のある楽しい世界が広がることなどがきっかけとなることもあります。

子どもが、楽しく、焦らず、食べることが楽しいと感じる世界を広げていきたいものです。

『ぜったいたべないからね』／ローレン・チャイルド 作　木坂涼 訳／フレーベル館

子の成長に大人が伴走する大切さ

家族で鳥取旅行をした時のこと、中でも、鳥取砂丘で過ごした半日は忘れられません。

当時、わが子の一人は学校のことで浮かない日々が続いていました。幼稚園時代はあれほど笑顔にあふれていたのに、学校に行き始めると笑顔が消えていったのです。

ところが、鳥取砂丘に着き、入り口から遠くにある砂丘の山の上を見ると、彼の顔は見る見る変わっていきました。そして、ものすごい勢いで、砂の斜面を駆け上っていったのです。こんなに生き生きとした彼の姿を見るのは久しぶりでした。そんな彼の後ろ姿を見て、涙が出てきたのを覚えています。

さらに、彼は砂山の頂を通り抜け、その姿が見えなくなりました。頂から一気に下へ駆け下りていったのでしょう。私も頂に到着したら、彼が一目散に駆け下りた意味がわかりました。なぜなら、下に真っ青に輝く海が広がっていたのですから。

彼は服を着たまま、海の中まで飛び込んでいました。まだ初夏だというのに、うちの子たちは、みんな躊躇《ちゅうちょ》することもなく海に入っていました。そして、私も入りました。そこでは、みんな笑い転げ、とて

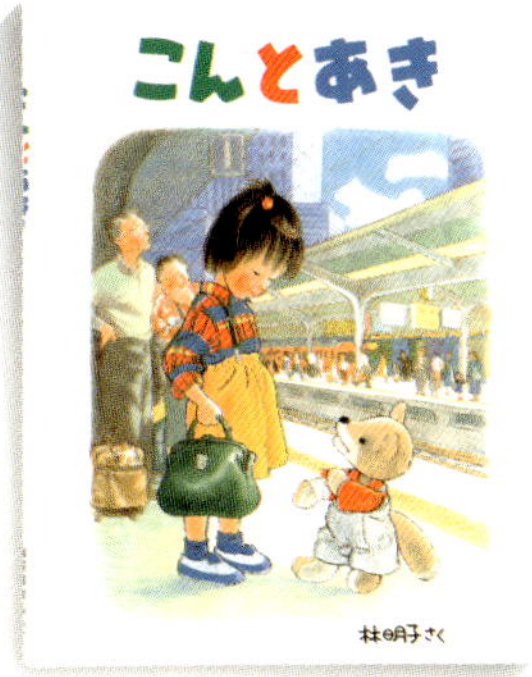

も幸せな時間を過ごしました。

私はこの時、『こんとあき』のことを思い浮かべていました。これは、赤ちゃんだったあきが成長し、ずっと一緒だったキツネのぬいぐるみのこんと2人でおばあちゃんのいる遠い砂丘町に出掛けるお話です。

最初はこんに守られていたあきですが、旅の途中、幾つかの大変な場面に出会い、それを乗り越えていきます。読者はあきを見ながら親心で読むためか、何度もドキドキさせられる、心に染みる名作です。

悩みを抱えていたわが子には、昔のような笑顔が戻っています。あの時の不安はもうありません。しかも、「お父さん、○○しないとダメだよ」など、しっかりとした子に成長しています。私は、『こんとあき』のこんのような気持ちです。でも、こうして立場が逆転していくことに、親としては幸せを感じるものです。子どもの成長には困難がつきものです。でも、そうした時期だからこそ、その旅に寄り添う伴走者としての役割（それはこんであり、大人である）が大事なのかもしれませんね。

『こんとあき』／林明子 作／福音館書店

小さな心遣いの積み重ねを大切に

近年出版された絵本で、私の中のヒット作品の一つが『シルクハットぞくは　よなかの　いちじに　やってくる』です。

このお話は、夜中の1時に真っ黒のシルクハットとマントをまとった「シルクハットぞく」がたくさん集まってくるところから始まります。真っ黒なので、一見気味が悪いようですが、顔がかわいらしいので、恐ろしさはそれほど感じられません。

でも、何が起こるのか、読んでもらっている子どもは目をそらすことができません。そして、その「シルクハットぞく」が一斉に空を飛ぶのです。その絵は下からのアングルで描かれているので、なかなかリアリティーがあり、感動的です。

さて、この「シルクハットぞく」たちは、どこに飛んでいくのでしょうか。彼らは壁をすり抜けて、人の住んでいる家の中に入っていくのです。

最初の家では、男の子が一人、おなかを出して寝ています。彼らは、その男の子に近づいていきます。子どもたちのドキドキは高まります。

すると、「シルクハットぞく」たちは、「ふとんの　はじっこを　そっと　もっと……」、「ちょっとだけ」布団をかけ直してあげるのです。

ドキドキしていた子どもたちは拍子抜けして、「それだけかよ！」と

シルクハットぞくは よなかの いちじに やってくる
おくはらゆめ

叫び、大笑いです。そう、それだけなのです。子どもたちも、少しほっとした顔をしています。

彼らは、世界中あちこちの家に忍び込んで、布団をかけ直してあげるのです。そのたびに、子どもたちは「それだけかよ」を連呼していました。でも、読み終わった後、子どもたちは幸せな顔をしているのです。

なぜでしょう。寝ている自分の布団を直してくれる人は、自分の大好きなお父さんやお母さんです。ただ「それだけのこと」のようですが、それは、自分のことを大事に思ってくれる人の愛情を持った行為なのです。

何げない日常の中で、親は小さな心遣いを子どもにしています。その時は感謝されませんが、それは子どもの中に「愛されている」実感として残っていくのではないでしょうか。

親がしている衣食住を通した日々の小さな心遣いの積み重ねこそ、子どもの育ちにとても大事なのではないかと思うのです。

『シルクハットぞくは　よなかの　いちじに　やってくる』
／おくはらゆめ 作／童心社

自由な発想を育もう

「幼児って、なんてすてきなストーリーテラーなんだろう」と思うことがよくあります。

ある園では、子どもたちが自分の手のひらを開いて、即興で話をする遊びをしています。これは、ある子の即興話です。「おばあちゃんがいました。このおばあちゃんは何でもできます。空も飛んでしまいます。おならで飛んでいきます。ブーってなって、飛んでいきます。小さくも、大きくもなれます。小さくなって、人の鼻の穴に入って、体の中を探検します」と、話は延々と続きます。

途中で話は支離滅裂になるのですが、それはそれでおもしろいのです。この子が一言話すたびに、クラスの子どもたちは笑い転げます。

こうした、奇想天外な子どもの即興話を聞くたびに思い出す絵本が、『よかったね　ネッドくん』です。

パーティーへの招待状が届いたネッドくんは、何度も何度もさまざまな危機に遭遇します。でも、それを簡単に乗り越えていき、最後にはパーティー会場に辿り着いてしまう奇想天外な話です。飛行機が爆発してもパラシュートがついていたり、トラに追い掛けられてもネッドくん、足が速くて逃げ切れたり、と。

リズムとテンポがとてもよく、子どもたちが繰り返し「読んで」とリクエストする大好きな絵本です。みんな、何度も読んでもらって話の先がわかっているのに、何度でも笑えるのです。

大学の授業で学生に即興話をつくらせることがありますが、このような奇想天外で、楽観的な話はなかなか出てきません。そう考えると、子どもは枠にとらわれない創造的で楽観的、そしてポジティブな発想を持つ存在だと思うのです。

だから、子どもは明るく、笑いが絶えず、前向きで、平和な場をつくっていく力があるのだと思います。このような「子どもらしさ」の特性は、大人にとっても大切だと言えるのではないでしょうか。

小さな頃から枠にはめられ、誰かの期待に添い、常に正しい回答を求められるという育てられ方をすると、自由な発想はなくなってしまうのかもしれません。自由な発想を大切に育てたいと思うと同時に、私自身も子どものようにありたいと思うのです。

『よかったね　ネッドくん』／レミー・シャーリップ作　八木田宜子 訳／偕成社

困難を乗り越えた先に愛と希望がある

『モモちゃんとアカネちゃん』は、児童文学モモちゃんシリーズの3巻目。このシリーズは、松谷さんの娘さんが小さい頃、話をせがんだことから生まれた物語だそうで、モモちゃんの誕生から始まるほほ笑ましい話が満載です。

長男が小学校1年生だった時、妻が毎晩少しずつ、このシリーズを読み進めていました。しかし、3巻目に入るところで、私が読むようにとこの本を渡されました。

そこで、就寝前に私が息子に読み始めると、突然、「ママとパパは、いろいろおはなしをして、さようならをすることにきめました」という章が始まりました。なんと、離婚を扱っているのです。

すると、息子はとぼけたように、「誰と?」と私に質問してきたのです。最初は何を質問されているのかわからなかったのですが、要は「ママとパパは、誰とお別れすることに決めたのか?」と私に聞いていたようです。

息子の中では、ママとパパが別れてしまうなんてことが、世の中にあるとは夢にも思っていなかったのでしょう。その事実が理解できると、表情から生気が失われました。

しかも、その章の最後には、パパを残して家族全員が家を出ていき、パパの寂しい後ろ姿の挿絵が描かれているのです。きっと、彼はその姿を私と重ねたことでしょう。

あまりにも絶望的なので、このまま寝かせるわけにはいかず、次の章に読み進めました。すると、くまのおばさんがシチューを作り、モモちゃんを全面的に受け入れる温かい場面が描かれていたのです。そこには、大きな救いと希望がありました。息子の表情にも少し笑顔が見え、やっと安心して眠りに就くことができたのです。

実は、小さな頃に3巻目を読んでこのシリーズが嫌になった方もいて、賛否両論があるようです。でも、私は、絶望と思えるような困難があっても、それを乗り越える希望が同時に描かれていることによって、むしろ愛や希望が心に強く残るのではないかと感じました。しかも、ネガティブなことが描かれている話だからこそ、その子を愛している大人が読んであげることが大切だと実感したのです。

長男は、この日のことを、どう心に刻んだのでしょうか。

『モモちゃんとアカネちゃん』／松谷みよ子 作／講談社

みんな違って、みんないい

年賀状のやりとりが少なくなったせいか、干支《えと》の話題が少なくなった気がします。そんな中でも、子どもは十二支の話が大好きです。新年に園で『十二支のおはなし』を読むと、しばらくこの話で持ち切りになります。

年長児くらいの子どもは競争や勝ち負けに関心が高いからか、神様が動物たちを集めて「早い者から順にその年の大将にしてやろう」と問い掛けることに、とても魅力を感じるようです。「オレが一番」なんて声も上がります。さまざまな動物のやりとりが次から次へと展開されるのですが、小さなネズミがネコをだます部分はとてもおもしろいようです。

物語の最後に、だまされて一日遅れでやってくるネコが悔しがる姿は、何度読んでも大笑いです。しかも、ネコがネズミを見ると追い掛けるようになったのはそのためだと説明があると、現実のネコとネズミにも関心を寄せます。

その上、ネズミは前夜から出発した牛の背中に乗ってスタートし、ゴール直前で牛の前に飛び降りて一番になりますから、「ずるーい」という声も上がります。でも、この話がいいのは、それでも「なあーに、

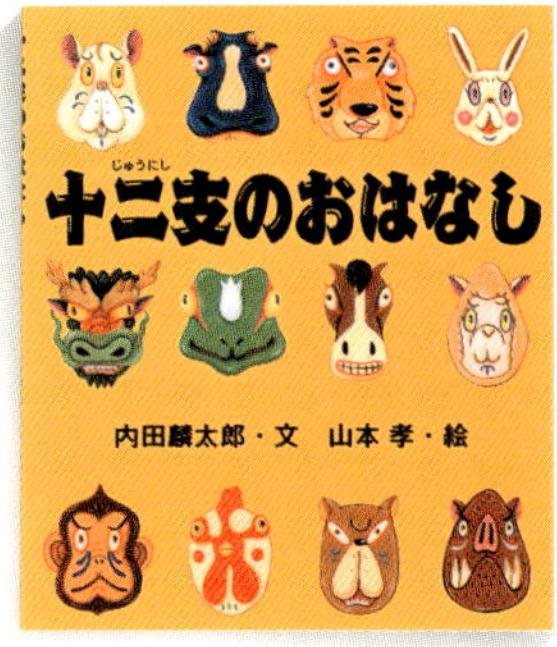

一番にならなくてもいいんだ」とゆっくりゴールする牛の姿です。ほっとさせられます。

その後もさまざまな動物がゴールしていきますが、それぞれが実に個性的です。中でも、タツ（辰）は激しく稲妻をとどろかせながらも、ヘビに自分の上に乗って行かないかと誘う優しい一面を見せます。また、イヌとサルは大ゲンカ、その仲を取り持つトリ（酉）の姿など、それぞれが実にいい味を出しながら、ゴールしていくのです。

年が明けて卒園が近い年長児は、競い合うおもしろさも実感しながら、けんかをしても友達と折り合うことができる成長を見せています。タツのようにやんちゃな子もいれば、ヘビのように慎重で臆病な子もいます。この十二支の話は、まるで個性豊かなこのクラスの子どもたちのようです。まさに「みんな違って、みんないい」です。

この時期の年長組の子どもたちは、それぞれが持っている個性を大事にできるほどに成長しています。だからこそ、身に染みるよい絵本です。

『十二支のおはなし』／内田麟太郎 文　山本孝 絵／岩崎書店

人と人をつなぐ絵本の役割

私は、ナンセンス絵本が大好きです。幼児も大好きですよね。この『うえきばちです』は、その中でも、子どもたちの笑いの渦が激しく起こる絵本です。

このお話は、植木鉢があったので、「のっぺらぼう」を植えるところから始まります。最初から、かなり笑えます。そして、「のっぺらぼう」に水をやると、奇想天外なものが出てくるのです。幼児クラスでは、ページをめくるたびに子どもたちの笑い声であふれかえります。

ある園で、本来は未満児担当の保育者が4歳児に絵本を読む機会があり、この本を読んだそうです。子どもたちからは大きな反響がありました。その流れで子どもたちに1枚の紙を渡し、絵を描くように提案しました。

その紙には、何も植えられてない植木鉢が印刷されています。そこに、自由に絵を描いてみようという投げ掛けです。

すると、意外にも何人かの子どもたちは、常識的な花の絵を描き始めたようです。ところが一人の男の子は、絵本にあったように「のっぺらぼう」からいろいろなものが出てくる絵を描き始めたのです。

しかし、周りを見渡すと、みんなは花を描いているのに気づきまし

た。ペンで描いた絵を急いで消そうとして、紙がぐちゃぐちゃになってしまいました。その後、絵をうまく描けず、泣き出してしまったのです。

保育者は慰めたのですが、その子の気持ちは収まりません。保育者も「自分の投げ掛けが本当によかったのか」と、すっきりしない気持ちでその日の保育を終えたようです。

ところが数日後、玄関でその男の子に会うと、「先生、またあの『のっぺらぼう』の絵本読んで」と笑顔で声を掛けてきたそうです。保育者は「ああ、やっぱりよかったんだ」と、胸をなで下ろしたとのことでした。

その子にとって、あの絵本がとても楽しかったのでしょう。そして、それを読んでくれた保育者との時間が幸せだったのだと思います。絵はうまく描けなかったけど、それも含め、絵本を通してその子と保育者の気持ちがつながったのですね。

絵本は人と人とをつなぐツールです。私たちは、子どもの心に残る絵本をたくさん読んであげたいものです。

『うえきばちです』／川端誠 作／BL出版

父親と母親は同じ？ 違う？

お母さんごっこをする2匹のうさぎの子ども。「おかあさんになるって……、どんなこと」。ターくんが聞きました。それに対してミミちゃんは、答えました。「こどものなまえを　よぶことよ」と。こうして、同じ問い掛けが繰り返されます。それに対して、ミミちゃんは答え続けます。「こどもと　てを　つないで　あるくことよ」「しんぱいすること」。そして、最後に「しんぱいして　おもわず　ぎゅっと　だきしめて　おもわず　なみだが　でることよ」と言うのです。

この絵本は、『おかあさんに　なるって　どんなこと』です。子どもから見た「お母さん」は、どんな人なのでしょうか。読んだ後、目の前の子どもたちにも聞いてみたいですね。

私は父親ですから「子どもにとって、父親も母親と同じだろうか」と考えます。でも、「きっと違うだろうな」と思ったのです。

わが家の一番下の娘が小学校を卒業した時のことです。卒業式に出席して、その成長した姿を見ながら、彼女の小さい頃を思い出しました。たくさん名前を呼んだな、たくさん手をつないで歩いたな…。そして、手をつなぐことが減っていることに気づきました。

たくさん心配もしました。成長するに従って、心配することも増えています。

思わず、ぎゅっと抱きしめることもたくさんありました。でも、だんだん減っているなあ、少し前までたくさんおんぶもしたのに、と思うと、寂しい気持ちになりました。そして、わが子の姿をあらためて見て、思わず涙が出ました。

そう考えると、父親も母親と同じではないかと思ったのです。名前を呼ぶこと、手をつないで歩くこと、心配すること、思わずぎゅっと抱きしめること、涙が出ること。「父親になる」ことは、きっと「母親になる」ことと同じなのです。

そう言えば、彼女は一時期、私を「マパ」（ママとパパの合体言葉）と読んでいました。でも、卒業式の翌日に小さい頃の話をしたら、「よくサッカー教えてくれたよね」と言っていました。やはり、子どもが持つ父親と母親のイメージは違うのかなとも思いました。思春期に入る娘に、父親として何ができるでしょうか。これからも、楽しみです。

おかあさんに
なるって
どんなこと
内田麟太郎 文　中村悦子 絵

『おかあさんに　なるって　どんなこと』
／内田麟太郎 文　中村悦子 絵／ＰＨＰ研究所

親子一緒の料理が幸せの記憶に

人気の「こぐまちゃんえほん」シリーズは、シンプルで親しみの持てる絵とともに、子どもにとって身近な題材を取り上げています。中でも、わが家の大ヒットは、『しろくまちゃんのほっとけーき』でした。あまりにも好きすぎて、わが家にあるこの本には、クレヨンでたくさんの落書きが描かれています。

この話は、こぐまちゃんの友達のしろくまちゃんが、お母さんと一緒にホットケーキを作り、こぐまちゃんと一緒においしく食べるというもの。冷蔵庫から出した卵を落としたり、ボールに粉を入れて混ぜる時に中身が飛び散ったりするほほ笑ましい様子は、目の前の幼児そのものです。

中でも子どもたちが好きな場面は、フライパンにホットケーキの種を入れて焼くところです。混ぜ合わせた種を入れ、それが次第に焼けていく様子が、見開きで連続の絵に描かれています。「ぽたあん」「どろどろ」「ぴちぴちぴち」「ぷつぷつ」と、その音もいいのです。子どもたちはこの場面が大好きで、指をさしながら一緒につぶやきます。

最後に、この本のねらいが書かれています。それは①大きなホットケーキを食べるうれしさ、②ホットケーキができる過程への興味、

③自分でつくるということの魅力、の3点だそうです。本当にそうですね。

幼稚園や保育園でも、この絵本を読んだ後、子どもとホットケーキを作ることがよくあります。子どもは、自分で作ることが大好きです。しかも、焼けていく過程に目がくぎづけです。そしてもちろん、でき上がった大きなホットケーキが大好きで、グループの子どもたちと口いっぱいにほおばり、「また作りたい」とリクエストするのです。

そこには、もう一つ大切なことがあるように思います。特に家庭で、大好きなママやパパと一緒に作るという経験です。この絵本でも、お母さんがしっかりサポートしています。子どもの頃、大好きなママやパパと一緒にホットケーキを作った記憶は、きっと、この絵本の記憶とともに親子の幸せな時間として刻まれるのではないでしょうか。

わが家の子どもたちはずいぶん大きくなりましたが、今でもホットプレートを使って、みんなで一緒に料理することが大好きです。

『しろくまちゃんのほっとけーき』
／若山憲、森比左志、わだよしおみ 作／こぐま社

愛情に裏打ちされた関係性を築く

『かいじゅうたちのいるところ』に登場する主人公マックスは、家の中でいたずら、大暴れし、夕食抜きで寝室に閉じ込められます。すると部屋が森や野原に変わり、彼は船に乗って航海をします。

そして、1年と1日たって着いた場所が、怪獣たちのいるところ。彼は魔法を使って怪獣たちの王様になるのです。その世界で踊ったり、遊んだり、楽しく過ごしました。しかし、急に母親のことを思い出して寂しくなり、王様をやめて家に帰ることにしたのです。そして、寝室に戻ると、温かな夕ご飯が用意されていたというお話です。

子どもにとっては、母親に叱られて部屋に閉じ込められることは、とても寂しく不安に感じるものです。しかし、マックスは不安をはねのけ、怪獣の世界に航海して大騒ぎするのですから、読んでもらっている子どもたちもつい、笑いの世界に誘われます。

しかし、ふとわれに返ると、大好きな母親から離れて遠くの世界に来ているので、寂しさを感じるのは当然です。そして家に戻ると、温かい食事が用意されていますから、どれほど安心した気持ちになることでしょう。誰もが親に叱られる経験をしているので、人ごとではありませんよね。

しつけの問題が話題になっています。かつては、言うことを聞かない子どもを家の外に出したり、部屋に閉じ込めたりすることが、少なくなかったようです。その時、子どもはどんな気持ちでしょうか。多くの子は、不安になるでしょう。マックスの場合、不安を乗り越えるためにファンタジーの世界に逃避したのかもしれません。

ただ、このお話には、親から多少厳しい罰を受けたとしても、自分のことを絶対大事に思ってくれている信頼関係があります。愛されている確信があったから、マックスは家に戻れたのでしょう。

こうしたしつけの方法は、現代ではあまりふさわしくありません。でも、親としてはつい感情的になってしまうこともあります。その時に大切なのは、マックスの母親が温かい食事を用意しておいたようなことです。

感情的になっても、「さっきは言いすぎちゃってごめんね」と言えるような、親の愛情に裏打ちされた関係性が大切なのです。

『かいじゅうたちのいるところ』／モーリス・センダック 作　神宮輝夫 訳／冨山房

犬がつなぐ家族の絆

わが家には、ヒナリーヌという雑種の雌犬がいます。子犬の時に東日本大震災の被災地で助けられ、一時わが家で預かったことから一緒に暮らすことになったのです。

私にとって、犬を飼うのは初めてのこと。子どもの頃は団地暮らしだったこともあり、犬は飼えませんでした。大人になってからも、家の中で犬を飼っている家に行くとソファが毛だらけで服にまとわりつき、何となく嫌な感じ。だから、犬を飼う生活は想像できませんでした。でも、実際に家で飼うと、その意識は変わるものです。

『ジローとぼく』は、「こいぬを　ひろった。なまえは　ジロー。ジローと　ぼくは、いつも　いっしょに　ねてるんだ」という前置きから始まる絵本です。ジローの体は大きくなり、父親が作った外の犬小屋に寝ることになりました。その夜、悲しそうに鳴くジローが痛ましく、「ぼく」はジローと犬小屋で一緒に寝ることに。朝起きると立場は逆転し、ジローが「ぼく」に、「ぼく」がジローになっているのです。そして、ジローの立場から自分を見るというお話です。

夜、寝ていると、私のベッドに入ってくるヒナリーヌ。ベッドは毛だらけですが、あまり気にならなくなっていました。

時々、早朝からうるさく動き、私をしつこく起こそうとすることがあります。あまりにしつこいので、「うるさい」と言ってヒナリーヌを追い出したことがありました。その後、風呂場の前に大量のおしっこ。きっと、おしっこがしたかったのでしょうね。何でわかってあげられなかったのかと申し訳なく思いました。

そんなふうにいつもと違う表現をする時は、ちゃんと意味があるんだと、いろいろな場面で思わされます。そんな時に、ジローと「ぼく」の話が心にぐっと響くのです。

私と2番目の息子が、毎日早朝にヒナリーヌの散歩をする係です。結構大変ですが、あまり多くを話さない中学生の息子とさまざまな話をするよい時間となっています。

ヒナリーヌがいることは、家族の共同作業を増やすことになります。それは、家族の会話を増やし、心をつなぐことに大きく結びついていると気づかされます。そう考えると、ヒナリーヌはわが家にとって、私にとって、大切ないとおしい存在に思えてくるのです。

『ジローとぼく』／大島妙子 作・絵／偕成社

楽観的に、マイペースでいこう

『バスにのって』は、何とものんびりとした絵本です。場所はどこかの国の砂漠。男はバスに乗り、遠くに行くところ。バス停で一人、ずっとバスを待っています。ラジオをつけると、「トントンパットン　トンパットン」と音楽が鳴ります。トラックや自転車、いろんな人が通りすぎますが、バスは来ません。そのたびに音楽が鳴り響きます。

読んでもらっている子どもたちも、いつしか「トントンパットン、トンパットン」という、心地よいリズムを口ずさんでいます。

男は夜になって眠ってしまいました。翌朝、ようやくバスがきます。しかし、満員で乗ることができません。そして、バスは行ってしまうのです。すると、男は歩いて行くことにしました。それでも、音楽はのんきに「トントンパットン　トンパットン」と鳴り響くのです。

話が終わると、子どもたちは静かに言葉を発し始めます。「歩いていけるの？」「電車はないの？」と疑問があふれ出すのです。子どもたちの想像力が大きく膨らみます。同時に、クラス全体に何とも落ち着いた、幸せな空気が流れるのです。

この幸せな空気は何だろうと考えました。ちょうどその頃、幸福学の前野隆司さんが明らかにした、人間の幸福を決める四つの因子を知りました。

人は地位や名誉、財産では幸福感は持続しないとのこと。「やってみよう因子」（自己実現と成長の因子）、「ありがとう因子」（つながりと感謝の因子）、「なんとかなる因子」（前向きと楽観の因子）、「あなたらしく因子」（独立とマイペースの因子）が幸福をもたらす因子だそうです。

この四つの中で、「なんとかなる因子」と「あなたらしく因子」を、この絵本から強く感じ取りました。「ま、いいか」という楽観的な感じ、マイペースでいいやという感じ。これらの特性により、この絵本が幸福感をもたらすのだと思いました。

私たちの毎日の生活は、マイペースで楽観的だろうかと振り返させられます。子どもたちはなぜ、笑顔があふれているかといえば、この絵本のような、あるいはこれらの因子のような特性を持っているからとも思うのです。楽観的であること、マイペースであること、大切にしたいですね。

『バスにのって』／荒井良二 作・絵／偕成社

子どもの思いに、丁寧に応じる大切さ

ある保育園の1歳児クラスの話です。ベテランの先生が絵本を読むと、子どもたちはぐっと引き込まれていきますが、1年目の先生の場合、子どもたちが立ち上がるなど、すぐ中断してしまうのです。ベテランの先生と同じ絵本を同じ子どもたちに読んでいるのにうまくいかないことが、1年目の先生の悩みでした。自分の読み方や引きつけ方が下手なのではないかと。

その日、ベテランの先生が読んだ絵本は『なんの　ぎょうれつ？』でした。この本には、最初に小さな動物が登場して、次第に大きな動物が描かれます。これまでの保育の中で親しんできた動物がたくさん出てきます。

お話を聞いて喜ぶ子どもたちに対し、先生は「シロクマさん、大好きだよね」などと一緒に楽しんできた動物のことに触れます。後半には、大好きなゾウが出てきて大騒ぎ。保育室に貼ってある動物の写真を指差し、「あれだよね」という子もいます。子どもと先生の豊かで温かいやりとりの中で、絵本が進みます。

この1歳児クラスは4月からずっと、ベテランの先生との遊びや絵本を通して、たくさんの楽しみを生み出してきました。ゾウさんブー

『なんの　ぎょうれつ？』／オームラトモコ 作／ポプラ社

ムが起こったり、シロクマさんが大好きになったり、子どもと先生が楽しみを共有してきたのです。

だから、その動物が出てくるたびに「これ、僕たちが大好きなゾウだよね」と、世界を共有できる喜びがあるのです。この先生に読んでもらうから、その世界を楽しめているのです。

もちろん、1歳児ですから、立ち上がって前に出てくる子もいます。でも、この先生は子どもを制しません。前に来た一人ひとりに「そうだね。食べてるね」などと、静かな声で丁寧に応じるのです。それから「立っちゃうと他の人、見えないよ」と静かに言うと、納得して座ります。次第に穏やかに話を聞くようになっていくのです。

こうして見ると、単に読み方や引きつけ方だけではなく、丁寧に応じる保育の姿勢が大切なことがわかります。絵本を読んだり、選んだりする際にも、子どもの興味・関心や個々の思いに応じる姿勢や関係性をつくることが大事だと実感させられました。1年目の先生もきっと、そのことに気づいていくことでしょう。

「手を焼く」のは悪くない

『ねんねだよ、ちびかいじゅう！』は、小さな子どもを育てた経験があれば、誰でも共感できる内容でしょう。

このお話では、ちびかいじゅうの寝かしつけはパパの役目。パパは、逃げるちびかいじゅうを追いかけます。寝る前の歯磨きもトイレも簡単にいかず、大変です。絵本を読んであげても、全く寝る気持ちにはなりません。パパはやっと寝かしつけて、子ども部屋を出ていきます。

寝かしつけは、親にとって大きな悩みの一つです。早寝早起きは大事ですが、寝てくれないのです。親はあの手、この手で、子どもと向き合います。なかなか寝ないので何冊も絵本を読んだり、お話をしたり、家中の電気を真っ暗にしたり。

それでも、真っ暗な中を子どもが起き上がろうものなら、「いい加減にして〜！」と叫びたくなることもあるでしょう。せっかく寝ついたところで、パパが「ただいま！」なんて大きな声で玄関から入ってきたら、ママがすべてを投げ出したくなる気持ち、よくわかります。

寝かしつけは、誰がやってもなかなかうまくいかないものです。このパパも、あれやこれやと手を焼いています。そして、パパの目は完全につり上がっています。

でも、抱っこされているちびかいじゅうの顔を見てください。彼はにっこりほほ笑んでいます。階段でも、洗面所でも、トイレでも、ベッドでも、いつも彼はいい顔をしています。なぜでしょう。きっと、大好きなパパが困った顔をしながらも、全部、自分につき合ってくれているからだと思います。彼はとても満足しているのです。

子どもは、自分がしていることをわかっているのでしょう。寝かしつけ成功と思って部屋を出ていくパパに、ちびかいじゅうは「おやすみ、パパかいじゅう！」と、そっとつぶやいているのですから。子どもの方が一枚上手なのかもしれません。

親からすれば、小さな子どもの寝かしつけはたいへんです。でも、こうして手を焼きながらも向き合ってくれる大人がいることで、子どもは愛された実感を持って眠りにつくことができるのだと思います。子育てにおいて、「手を焼く」ことは、決して悪いことではないのです。

『ねんねだよ、ちびかいじゅう！』

／マリオ・ラモ 絵・文　原光枝 訳／平凡社

「幸せ」を切り開く「はじまりの日」

ボブ・ディランがノーベル文学賞を受賞した際、大きな話題となりました。私は高校時代からボブのファンです。来日公演の際、毎回、4、5日はライブ会場に足を運びます。

なぜ、私がこれほどまでに彼の音楽に魅力を感じるのか。理由はたくさんありますが、一つ挙げれば、常に「新しくある」ことへの「希望」をもらえるからでしょう。

彼はとてもおもしろいのですが、多くの名曲がありながら、それをライブではほとんどやりません。また、有名な「風に吹かれて」を演奏したとしても、全く別の曲のようにアレンジされ、何の曲かわからないのです。ライブも新作CDも常に新しく新鮮で、過去を引きずらず、今を生きる人なのです。

以前の日本ツアーの最後に、予定にない曲を演奏しました。それが、名曲「Forever Young」。70歳を過ぎたボブが「いつまでも若く」と私たちに投げ掛け、日本を去ったのです。その「Forever Young」を絵本にしたのが、『はじまりの日』です。

訳は、なんとアーサー・ビナード。魅力的な詩人のアーサーは、この絵本で「いつまでも若く」を「はじまりの日」と訳しているのもスゴイ。

常に今日が「はじまりの日」。まさに、今を生きるボブそのものです。

この曲は、ボブが息子を思って書いたといわれています。愛する子どもに向けたメッセージなのです。詩の中にある「きみが　手をのばせば　しあわせに　とどきますように」。この訳は心にぐっときます。私たちが目の前の子どもたちに最も伝えたいメッセージは、このことかもしれません。

だから、保育は、子どもが主体的に環境に働き掛けて「遊び込む」生活を大事にしているのです。何かに夢中になって向き合い、試行錯誤していく時に、充実感や達成感が伴います。「手を伸ばせば、幸せに届く」ことを実感し、新しい豊かな世界が切り開かれていくのです。そして、私たちは、それを支援するのです。

これは、子どもだけでなく、大人にとっても大切です。いつでも「今が、『幸せ』を切り開く『はじまりの日』なんだ」と考えると、目の前の世界がすべて希望に満ちあふれてくるのです。

『はじまりの日』／ボブ・ディラン 作　ポール・ロジャース 絵　アーサー・ビナード 訳／岩崎書店

子どもそれぞれの、「すてきさ」を祝うクリスマス

「クリスマスの本当の意味を初めて子どもに伝えたい」と思った時にお薦めなのが、『クリスマスおめでとう』です。小さな子どもにも、わかりやすい内容になっています。

かわいらしい天使が現れて、「みんなが　まっていた　うれしいことが　おこりました。みにいきましょう」と言うのです。羊たちも星に導かれ、「うれしいこと」を見に行きます。そこには、馬小屋で赤ちゃんを抱いているマリアがいました。

その赤ちゃんの名前は、イエス様。天使も羊たちも、赤ちゃんイエス様を見ていると幸せな気持ちになり、その「うれしいこと」をみんなに伝えにいくのです。それが次々と伝わり、ツリーを飾ってお祝いしようと話が進みます。

私はかつて、キリスト教の幼稚園の保育者をしていました。クリスマス礼拝の日には年長児を中心に、聖誕劇を行っていたのです。そのため、イエス様の誕生物語を素話で毎日、話していました。そして、みんなが話を詳しく理解し、劇の役割を決める日が来ました。

ところが、クラスの一人たかちゃんは、自分が希望した役になれませんでした。その時は「もういい」と言って部屋を出て行ってしまい、

私もとてもがっかりしました。でも、彼は気持ちを切り替え、当初の役割にはない音楽をかける役をやりたいと私に提案したのです。

彼は、オーディオや音楽にとても詳しいので、先生たちにも相談し、その役を任せることにしました。クラスの子どもたちも、みんな「いいね」と言ってくれたのです。当日も、立派にその役をやり遂げました。たかちゃんの得意なことが、みんなに認められた出来事でした。

ひぐちみちこさんの別の絵本に『かみさまからの　おくりもの』があります。赤ちゃんが生まれてくる時に、神様は一人ひとりに贈り物をくださるというもの。頬の赤い赤ちゃんには「よく　わらう」という贈り物――などです。

クリスマスは、単にプレゼントをもらうだけではなく、一人ひとりの子どもが神様から授かったすてきさをみんなから祝われる日にしたいと思うのです。園でも、家庭でも、世界中でそんな「うれしいこと」をたくさんの人が祝えたらと思います。

『クリスマスおめでとう』『かみさまからの　おくりもの』
／ひぐちみちこ 作／こぐま社

何げない時間が幸せの原風景に

バムケロシリーズは、まるでおもちゃ箱をひっくり返したような絵のおもしろさがあります。ページをめくっているだけで、ワクワクしてきます。わが家でも、よく読んできたシリーズです。

中でも人気だったのが、『バムとケロのさむいあさ』です。バムとケロが目覚めると、その日はとても寒い朝。「こんなひには　うらのいけも　きっと　こおっているはず」と池に行ってみることにしました。やっぱり池は凍っているのですが、なんと、アヒルが池と一緒に凍っているのです。この場面を開くと、いつも子どもは大笑い。アヒルには申し訳ないのですが、私もぷっと笑ってしまいます。

私が住んでいる横浜でも、冬になるととても寒い日があります。1月のある寒い日の朝、私は当時、中学生の息子と、いつもの公園に犬を連れて散歩に行きました。すると、珍しくそこにある池が凍っていたのです。

私は子ども時代、北関東の田舎に住んでおり、冬のこの時期はいつも近所の凍った池や川で遊んでいたので、心がとてもワクワクしました。

息子は池に近づき、足を少し氷に乗せて、氷を割りました。そして、私に「お父さん、子どもの時、氷の上に乗って遊んでいたら、割れて

落ちてずぶ濡れになったんだよね」と言ったのです。息子はずいぶん前に私が話したことを覚えていたんだと思い、とてもうれしくなりました。

散歩の時、息子とは、「今日は何度くらいだろう」「何度になると池は凍るのかな」「去年はこんなに霜がなかったよね」「北海道はもっと寒かった」など、たわいもない話をしながら歩きます。冬の朝はかなり寒いのですが、犬を連れて息子と共有する時間がとても幸せです。

その寒い朝、この絵本を思い出しました。こんな寒い外を歩いた後は、温かい家の中の時間も幸せを感じます。絵本の中でも、家でお風呂に入って大騒ぎをしたり、トイレットペーパーでミイラごっこをしたり、ハチャメチャだけれど笑いに満ちた幸せな時間が繰り広げられます。

そう、そう。寒い日は、大好きな人と温かい家で過ごすことが幸せです。小さな頃のこうした寒い日の何げない時間が、冬の幸せな原風景として大人になっても残っていくのかもしれません。

『バムとケロのさむいあさ』／島田ゆか 作・絵／文溪堂

愛された実感が勝れば、子どもは大丈夫

私は子どもの頃から、苦手なことがたくさんありました。忘れ物が多く、いつも物をなくしていたのです。勉強がわからず、授業中はいつもぼんやり他のことを考えていました。悪ふざけも多く、学校の先生からはいつも怒られていたのです。母は、そんな私に手を焼いていたのでしょう。よく怒られました。

その日も、私が何か悪いことをしたのでしょう。母は、私を厳しくしかりつけました。私は悲しく、ずっと泣いていた記憶があります。私なりのやるせない気持ちがあったのか、「ごめんなさい」を言わなかったのかもしれません。

私の友人、小西貴士が書いた絵本『また　おこられてん』を読んでいたら、小さな頃の私と母との切ない記憶がよみがえってきました。

主人公の男の子が母親に、片付けないと言われて怒られる場面、食事を残して怒られる場面、嫌いなことや苦手なことが多くて怒られる場面、ウソをついたと言って怒られる場面、謝れずに怒られる場面。全部、私の子ども時代に思い当たることばかりです。

子どもには、そうならざるを得ない理由があるのです。子どもは、それをわかってもらえないことにやるせなさを感じています。

でも、あんなに感情的に怒られたのに、私は母に愛されていたという感覚があるのです。きっと、怒られたこと以上に、私は母から大事にされた実感があるからでしょう。

体の弱い私に対して、母はいつも夜遅くまで看病してくれました。好き嫌いの多い私に、大好物のミートソースパスタをいつも作ってくれました。泣いている私を、いつもぎゅっと抱きしめてくれました。いっぱい私と遊んでくれました。あれだけ怒られても、愛された実感が圧倒的に勝っているからこそ、今の私があるのだと思います。

この絵本の最後で、男の子がにんまりと笑い、「かあちゃん、ぼくのこと　すきなんやね」「ぼくも　めっちゃくちゃ　すきやけどね」とつぶやく場面があります。子どもの頃の私と重なり、心にぐっときました。

親から愛された実感は、子どもへの物わかりのいい関わりや、褒めて育てることだけから得られるわけではないのかもしれません。

『また　おこられてん』／小西貴士 作　石川えりこ 絵／童心社

希望を持ち続ける大切さを知る

名作『ぐるんぱのようちえん』の主人公・ゾウのぐるんぱは、独りぼっちで寂しく育ってきました。そのため体も臭く、いつもめそめそし、仕事もしなかったのです。それをゾウの仲間は問題にし、彼をきれいに洗ってやり、仕事を探す旅に出させたのです。

彼は見違えるほど元気になり、さまざまな仕事に挑戦します。しかし、どこに行ってもうまくいきません。幾つもの仕事場で「もう　けっこう」と言われ、また昔のようにしょんぼりしてしまうのです。

その旅の中で出会ったのが、12人の子どもがいる家族。その母親から「こどもと　あそんでやってくださいな」と頼まれました。そこで、「ぐるんぱ」はよさを発揮し始めるのです。子どもたちから大人気。これまで失敗してきたことも、子どもと関わる中で生かされていき、みるみる幸せになっていくというお話です。

この絵本を読むと、いつも過去の自分を思い出します。私は大学受験に失敗し、高卒で事務の仕事に就くことになりました。それでも、あこがれていた小学校の教師になりたいという夢を捨てきれず、仕事をしながら夜間の大学に通いました。

でも、失敗ばかり。職場ではミスが多く、毎日のように叱られまし

た。大学でも小学校の教員への希望が抱けず、何をやってもうまくいかない自分が嫌になり、気持ちは落胆していったのです。

その時に出会ったのが、履修する予定のなかった大学の幼児教育の授業でした。それは、私がこれまで出会ってきた「教育」の考えとは違うものでした。「子どもは遊びの中で、主体的に人生で大事なことを学んでいること」「子どもがしていることには意味があり、それを肯定的に捉えていくこと」などを知り、衝撃の連続でした。

その後、さまざまな園で子どもに関わるようになり、心が躍る経験をしました。そして、幼稚園の現場で働きたいと思うようになり、現在の自分があります。

まさに、私自身が「ぐるんぱ」そのものだったと思います。自分が能力のない劣った存在であると思い、絶望的になることがあっても、「自分らしさを生かせる場がある」と希望を持ち続けることが大切なのです。この本を読むたびに、そう思わせられます。

『ぐるんぱのようちえん』／西内ミナミ 作　堀内誠一 絵／福音館書店

絵本を上手に使い、遊びや探究を広げよう

仁慈保幼園（鳥取県米子市）の保育実践「香水づくりのプロジェクト」は、２人の５歳児の女の子が散歩で春の草花を採ってきて、保育室の容器に飾ったことから始まりました。

この子たちが草花採りにとても興味を持っていたので、先生は園内の花を飾る手伝いをお願いしました。この子たちは、その中のスイセンの花のいい匂いに感激し、自分たちが採ってきた草花の匂いも嗅いでみました。すると、あまりいい匂いはしませんでした。

クラスで子どもたちにそのことを話すと、いい匂いの草花探しに興味を持ち始めたのです。その時、保育室に置いた絵本が『うーら　うらら　はるまつり―くさばなおみせやさんごっこ』でした。

この絵本は、山のふもとのどんぐり園で草花お店屋さんごっこをする話です。話を通して、ネックレスやイヤリングなどの花飾り、松葉を使ったお相撲、占い遊び、おすし屋さんなど、さまざまな草花遊びが紹介されます。その中の一つが、香水作りだったのです。

その香水は、びんに水を入れて、ジンチョウゲやバラの花びらを入れるだけ。オレンジの皮を入れるのもいいなどと紹介されています。

子どもたちは、匂いに関心があったので、早速それをまねていまし

た。すると、本当にいい匂いの香水ができたのです。それから、さまざまな花や果物の皮などで、香水を作りましたが、しばらく放置したら、香水は臭くなってしまいました。子どもたちは「お母さんの香水は臭くならないのに、なぜ自分たちのものは臭くなるのか」と、町の香水屋さんに聞きに行き、その理由を知ったのです。この絵本のおかげもあり、香水作りは大ブームになりました。

　保育者が草花遊びを知らない場合でも、こうした絵本があれば、子どもの遊びや探究はこんなに広がっていくのです。そう考えると、科学絵本の役割は、とても大きいことに気づかされます。

　ただ、すぐに「図鑑や科学絵本を見ましょう」としてしまうと、子どもが自分自身や友達と一緒に実物に触れながら感じたり、考えたり、試行錯誤するプロセスがなくなってしまう場合があるので、注意が必要です。

『うーら　うらら　はるまつり―くさばなおみせやさんごっこ』
／長谷川摂子 文　沼野正子 絵
／月刊かがくのとも 1994年5月号／福音館書店

小さな子にとって、靴は自分そのもの

小さな子どもにとって靴は特別な存在です。ピカピカの靴を履いて懸命に歩く姿は、とてもいとおしく思えます。また、「この靴、履かない」と、ごねている子どもの姿も見掛けます。

わが家の3人の子どもたちにも、靴のエピソードはたくさんあります。特に忘れられないのは、次男が1歳の頃長靴が大好きで、どんなに天気のいい日でもお気に入りの長靴を履くと言い張っていたことです。しかも、途中で「抱っこ」と言い、抱くと何度も長靴を下に落とします。子ども好きの私も、かなりイライラした時期でした。

私は長靴を隠し、別の靴を魅力的に紹介します。しかし、「いや！」と足を伸ばして履こうとしません。次の一手を失った私は無理に靴を履かせ、ごねる子どもを抱きかかえ急いで外に出ます。しかし、彼は怒って、結局、家に帰って長靴を履かせたことが何度もありました。なぜ、この長靴がよかったのか、今でもわかりません。

『くつくつあるけ』は3人とも好きな絵本でした。実に手応えがあり、1歳の時に読むとよく笑いました。

この絵本は、主人公の赤ちゃん靴が1歳の子のように歩いたり、走ったり、ジャンプしたりする話です。擬音もおもしろく、「ぱたぱた」「と

んとん」という言葉に喜びます。

長男にヒットしたのは、靴が「ごろん」と転ぶ場面です。そこが来ると、「ごろん」と言って自分も転がります。痛そうな顔もします。「ああ、転んじゃった。痛かったねえ」と私が言うと、ケタケタ笑い、にっこりと起き上がるのです。その場面だけ、何度も続けて読む日もありました。

小さな子どもにとって、靴はその時期の自分そのものだと思うのです。特に長男はバランスが悪く、よく転ぶ子でした。何度も痛い思いをしたと思います。その転んでしまう自分をこの話に重ねていたのだと思います。「ぼく、転んでも立ち上がるよ」と、何度も宣言しているようです。

子どもはこうして、大人にしっかり受け止めてもらうことを繰り返しながら、また立ち上がり、自分の人生を歩くことを学ぶのかもしれません。もしかすると、次男の長靴も、親に何度も拾ってもらうことが、あの時期のあの子に必要だったのかもしれません。

『くつくつあるけ』／林明子 作／福音館書店

ゆっくり星を見て、希望を生み出そう

岩手県花巻市にある宮沢賢治記念館を訪れ、賢治の生涯について思いをはせる機会がありました。中でも、心を引かれたのが、賢治と盛岡高等農林学校で交流のあった保阪嘉内が『銀河鉄道の夜』に出てくるカムパネルラ（そして賢治がジョバンニ）だとする説に基づいた特別展示でした。

そこであらためて、絵本の『銀河鉄道の夜』を開いてみることにしました。この絵本は、布・ビーズ・クリスタルで描かれており、原作を引き立て、銀河鉄道の宇宙に誘ってくれます。

この有名な物語は、父のことで周囲から疎外されている孤独な少年ジョバンニが、星祭の夜に親友カムパネルラと銀河鉄道に乗って銀河巡りの旅をするというもの。その旅の中でさまざまな人と出会い、生きる意味を発見していきます。

そして、みんなの本当の幸せのために一緒に歩んでいこうと誓い合うのですが、カムパネルラは消えてしまいます。その後、カムパネルラは自分の命を犠牲にして友達を救ったことを知り、銀河鉄道の旅が意味したものに気づくのです。

若き日の賢治と嘉内が星空を眺めながら、夢や生きる意味を語り

合ったことが話のベースになっていたのかと思って読むと、何だかうれしい気持ちになってきます。

私は毎年、嘉内の出身地の八ヶ岳で、家族や友人、学生たちと共に、森のナイトハイクに出掛けます。野原に寝ころび、長時間、星を眺めるのです。自分が大きな宇宙に包み込まれた小さな存在であると感じられる、この時間がとても好きです。日々の生活の中の悩みや葛藤は、小さなものに見えてきます。同時に、自分は何のために生まれてきたのか、存在することの意味は何なのかを自然と考え始めるのです。この時間があることで、希望に向けたエネルギーがあふれてくるのです。

ある園では、クラスで星の話が盛り上がっていました。冥王星の話を私に一生懸命してくる子がいたのです。この子たちと一緒に夜空の星を見たら、楽しいだろうなとその時思いました。

子どもの頃から仲間と共に星をゆっくり見る時間があることは、豊かな物語の世界と同時に、希望を生み出すことにつながるのではないでしょうか。

『銀河鉄道の夜』／宮沢賢治 作　清川あさみ 絵／リトルモア

親の愛情が、鬼を乗り越える力を育む

節分の時期になると、多くの園では鬼が現れます。大人が仮装をし、子どもを追い回します。その鬼に戦いを挑もうとする子どもの姿は、ほほ笑ましく見えるものです。

でも、保育室をよく見てみると、真っ白な顔をして声も出さず、震えて固まっている子どもがいます。周囲の大人は、その子の悲しい気持ちに気づきにくいようです。感受性が豊かなタイプの子どもが一人震えて声も出せない姿を見るたびに、とても心が痛みます。

その一方で、絵本を通し、温かい雰囲気の中で鬼の存在を考える保育もあります。ある園で、5歳児に『おにたのぼうし』が読まれていました。この絵本は、節分の日に子どもの鬼のおにたが、帽子をかぶって人間の子どもに成り済まし、母親を看病する貧しい女の子にごちそうを持って行く話です。女の子はごちそうを喜びますが、鬼の子を前に「あたしも　まめまき、したいなあ」と言うのです。「おにが　くれば、きっとおかあさんの　びょうきが　わるくなるわ」とも言います。その言葉にがっくりしたおにたは、「おにだって、いろいろ　あるのに」とつぶやき、その場から消えてしまうのです。

クラスの子が、「鬼だって、悪い心とは限らない」と言いました。別

の子は、「人間だって悪い人はいるよ」と言いました。先生はその言葉を受け、「鬼はみんなの心の中にいるのかもしれないね」とつぶやきました。その場を、温かい空気が流れていました。この5歳児の豆まきは、「鬼は外、福は内」が「自分の心の中の鬼が外」という意味になっていたのです。

　スマートフォンなどで「鬼のアプリ」があると聞きました。子どもが言うことを聞かない時、鬼に連絡して子どもを脅かすという、しつけに使うそうです。これは、なまはげと同じ効果があると言う人もいますが、それは違います。

　なまはげの場合、親はしっかりと子どもを守る側に立っています。絵本でも、昔話に怖いものが出てきますが、読み手の大人は子どもに寄り添って読んでいます。つまり、子どもに愛情と安心感を与えているのです。ですから子どもは、自分の心の中の鬼を乗り越えることができるのです。

　子どもに鬼を、どのように出会わせるのがよいのでしょうか。

『おにたのぼうし』／あまんきみこ 文　いわさきちひろ 絵／ポプラ社

雪に親しみ、新たな遊びを生み出そう

大人気のばばばあちゃんの絵本シリーズの『そりあそび』のお話、みなさんはご存じでしょうか。

冷たい雪が降った日、動物たちは次々とばばばあちゃんのストーブにあたりに来ます。そこで、ばばばあちゃんは「いまから、さむいひの　とくべつな　あったまりかたを　おしえてやるよ」と言って、ベッドをトランポリンにして遊びます。みんな大はしゃぎです。

ベッドの足が折れると、それを改造して外に出します。できたのは、大きなベッドのそり。雪山を高速で進むそりに、みんな興奮します。そして、下に降りたそりを、今度は上まで運びます。動物たちの体は、熱くてたまらないほどになったというお話です。

「雪国の園ではきっと、冬は室内遊びが中心だろう」と思ったら大間違い。一日、雪の中で遊ぶ園もあるのです。どんな遊びがあるか、想像できるでしょうか。屋外で凍らせた固いタオルでの戦いごっこ、雪を使ったアート作品作り、雪で作った家でのままごと遊び、色水のシロップをかけたかき氷など、遊びは無数にあるのです。

当然、そり遊びも大好き。小さな年齢の子どもたちは、保育者に抱きかかえられるように滑ります。大きい子たちは、コースをどんどん

難しくして、途中に大きなジャンプコースを作るなど、かなりダイナミックです。うちの学生も入れてもらうのですが、子どもたちと同じくらい夢中になって遊びます。

冬のスポーツが身近な雪国の園では、スケートやスキーの競技をまねたような遊びが取り入れられているかもしれません。

その一方で、今では、雪が厄介者扱いされるようになりました。ある都会の学校では、校庭での雪遊びが禁止されたところもあったそうです。

人は本来、自然と上手に共存してきました。子どもは雪との親しみ方をたくさん知っていて、遊びを生み出すこともできるのです。そこに、人の知恵と伝承があったのです。

ばばばあちゃんが魅力的なのは、そんな忘れかけた私たちの遊び心を呼び戻してくれるからではないでしょうか。みなさんのそばには、ばばばあちゃんのような魅力的な大人はいるでしょうか。

『そりあそび』／さとうわきこ 作・絵／福音館書店

第4章

子どもゴコロに響く絵本

「平和」を感じる機会をつくろう

『ぼくがラーメンたべてるとき』は、「ぼく」が家でラーメンを食べているという、おっとりしたムードから話が始まります。

同じ時間、テレビを見ているなど、友達が何をしているかが紹介されていきます。すると、話は隣国の子どもたちへと移っていくのです。牛の世話をする男の子、パンを売る女の子などが次々と紹介されます。

そして、真っ暗な中、荒れ果てた場所で倒れている男の子の姿が描かれます。その時、倒れている男の子のところに風が吹き、ページをめくると、「ぼく」がラーメンを食べている家にも風が吹くのです。私自身、初めてこの絵本を読んだとき、大きな衝撃を受けました。

私の友人の保育者が、3歳児にこの絵本を読んだそうです。すると、「ラーメン好きなの」「昨日ラーメン食べた」と、ラーメン談議が始まったとのこと。後半になると、「何でこの男の子、倒れているの？」とある子が言い、別の子が「痛い、痛いって言ってる」とつぶやいたそうです。

その後は最初のラーメン談議に戻り、海の向こうの国と私たちの現実のつながりを実感するまではいかなかったとのこと。でも、自分と同じ小さな子どもが、何か大変な状況にあると感じ取った姿はあったようです。

『ぼくがラーメンたべてるとき』／長谷川義史 作・絵／教育画劇

もちろん、この絵本から、子どもに世界の実情を理解させる必要はありません。子どもが何かを「感じる」ことが大切なのだと思います。5歳児にこの絵本を読むと、「戦争」や「貧しい国」のことを知っていて、その話をする子どもも出てきます。でも、単にそれを（情報や知識として）「知っている」のではなく、（自分自身と無関係ではないこととして）「感じる」ことが、何より大切なのです。

保育の場では、日常の遊びなどを通して、身近な友達の気持ちを感じ他者の思いを知り、折り合って生活することを学びます。同時に本やニュースなどを通して遠い国の人たちの実態を知り、自分とつながった出来事としてそれを感じ、「平和」について考える機会も持ちたいものです。

そのためにも、私たち大人自身が、「平和」についてどのように考えているかがとても大切なのかもしれません。

子の成長につながる三つの壁

幼稚園で担任をしていた時、『三びきのやぎのがらがらどん』を何度読んだかわかりません。

「だれだ、おれの　はしを　がたごとさせるのは」と私がトロルになって低い声で言うと、子どもたちは、がらがらどんになって応えるのです。小さなやぎの時は、小さな声でかわいらしく「ああ　どうかたべないでください」と。そして、大きいやぎの場面になると、子どもたちは「待ってました」とばかりに「おれだ！　おおきいやぎのがらがらどんだ！」と、勇ましく叫ぶのです。

自由遊びの時間、園庭に平均台を用意すると、その上でも「がらがらどんごっこ」は行われました。楽しいひと時だったと、今も思い出すことがあります。

子どもにとってこのお話は、最初、とてもドキドキするようです。でも、私との信頼関係ができてくると、そのドキドキが次第にワクワクに変わっていくようです。

特に、やぎがだんだん大きくなり、最後は私が演じるトロルをやっつけるのがとても楽しいようです。本当はまだ小さいけれど、大きく成長している自分を想像し演じることを楽しんでいるように思えます。

ある書籍で、「『三びきのやぎのがらがらどん』は、子どもが大人に成長していく三段階を示しているのでは」という解釈を読んだことがあります。それは、三つの反抗期を示しているのだと。

最初が2歳前後の第一次反抗期、次が思春期の第二次反抗期、そして、青年から成人へ移行する時期ということです。確かに、成長の節目で子どもは大人に反抗する行動をします。「がらがらどん」は、一人の子ども（一匹のやぎ）の成長の物語ともいえるでしょう。

そうだとすれば、トロルは、自立するために乗り越えるべき心の中の壁、魔物、あるいは親ということになります。今は小さくても、いずれは大きな壁を乗り越えるという、成長物語なのです。

心理的な自立のためには、壁を心の中で木っ端みじんにして谷底に突き落とす、残酷な場面が必要なのでしょう（子どもはあまり残酷とは思っていませんが）。子どもが『がらがらどん』を好きなのは、自立に向かう成長へのあこがれがあるからかもしれません。

『三びきのやぎのがらがらどん』ノルウェーの昔話
／マーシャ・ブラウン 絵　せたていじ 訳／福音館書店

小さな冒険で
多くの出会い

『ぼくはあるいた　まっすぐまっすぐ』は、私が大学生の時に買った絵本です。林明子さんの絵の魅力と、小さな子どもが一人でおばあちゃんの家まで歩いていく、という話の魅力に惹かれて買ったのだと思います。この絵本は、おばあちゃんの家に行く途中で道を外れたり、不思議なものに出会ったり、実にたくさんのドラマにあふれています。こちらもドキドキワクワクさせられます。

この話で思い出されるのが、年長児の2泊3日のお泊まり保育です。子どもたちは、当時『たんたのたんけん』が大好きでした。みんながたんたになりきって、宿泊地近隣の田舎道を小グループで探検することになりました。

子どもたちは、自分たちが作った絵地図を持って、意気揚々と出発しました。途中でたくさん虫を発見したり、不思議なおうちに出会ったり、まさに絵本のようです。牛小屋に出会った時は大騒ぎでした。

でも、だんだん道がわからなくなってきました。それはそうです。彼らの地図はイメージの世界で作ったもので、あまり参考にはなりません。そこで、落ちていた棒を道の真ん中に立てて、それが倒れた方に進もうということになりました。

すると、その棒はなんと、道なき道の方向を指し示したのです。みんなは少し不安になってきました（もっとも、私は道がどこにつながるか、すべてわかっていますが）。

一人の女の子が涙を流し、帰りたいと言いました。横にいた男の子は「大丈夫だよ、俺がいるから」なんて、温かい言葉を掛けていました。しばらく行くと小川を発見し、子どもたちは喜んで、葉っぱを舟に見立てて流し始めました。

すると、さっきの男の子が、「俺の舟、お母さんのところに届けるんだ」とつぶやきました。この時、この子も本当は不安な気持ちだったんだと気づかされました。小川の先の抜け道を通って宿泊地にたどり着き、みんな跳び上がって喜んだ姿は今でも忘れられません。

子どもと一緒に道を探りながら歩くことは、ドラマにあふれています。この子たちの記憶にも、あの日のことはきっと残っているでしょう。

『ぼくはあるいた　まっすぐまっすぐ』／マーガレット・ワイズ・ブラウン作
坪井郁美文　林明子絵／ペンギン社
『たんたのたんけん』／中川李枝子 作　山脇百合子 絵／学研

月を見上げる 心躍らせる体験

子どもの頃、母親から「お月様にはウサギが住んでいて、お餅をついているのよ。ほら、月をよく見てごらん。ウサギがお餅をついている姿が見えるでしょ」と言われたことを覚えています。

確かに、月を見上げると、ウサギが餅つきをしている姿がはっきり見えました。大人になった今も月の表面にそのような姿が見えるのは、子ども時代に話を通して、心の中につくられた強烈な枠組みがあるからかもしれません。

また、かぐや姫（「竹取物語」）の記憶もあり、月を見るたびに「どんな人（生き物）が住んでいるのだろう」と思います。これも、子ども時代に出会った物語の力が大きいのでしょう。

『お月さまってどんなあじ？』は、子どもたちが大好きな、お月様をテーマにした絵本です。「お月さまをかじってみよう」と決心したカメを手伝いに、たくさんの動物が出てくるお話です。

カメの上に、次々と大きな動物たちが登っていきます。ゾウ、キリン、シマウマなどがよじ登り、月に手を伸ばしていくのです（まるで、縦につながる「おおきなかぶ」のようです）。

年長組の子どもたちは、一番下のカメが大丈夫かと、心配になって

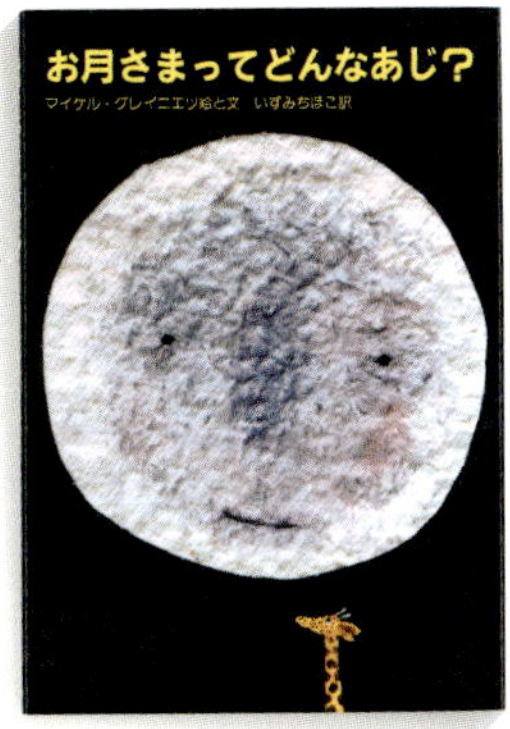

きます。でも、月にもう少しで届きそうなのに届かないことで子どもたちのドキドキが続き、気持ちが高まっていきます。そして、結末では、子どもたちは大喜びで歓声を上げるのです。そうですよね。お月様をかじってしまうのですから。

お月見の時期、年長組では月の満ち欠けの話をすることがあります。そうすると、多くの子が家族と一緒に月を見上げ、翌日、その話をしてくれます。自然の変化を目の当たりにし、多くの子どもが心を躍らせます。宇宙飛行士の話に発展することもありました。

園や家庭で月の話で盛り上がることは、とても豊かな気持ちにさせてくれます。この絵本のようなファンタジー的話題、月の満ち欠けや宇宙飛行士などの科学的話題を通し、遠い月が自分の手の届く存在であると思えると、未来は魅力にあふれワクワクすることでしょう。

私がそうであったように、子ども時代にそんな経験をたくさんさせてあげたいものです。

『お月さまってどんなあじ？』
／マイケル・グレイニエツ 絵・文　いずみちほこ 訳／らんか社

大きな愛を感じるクリスマス

数あるクリスマス絵本の中で私が最もお薦めしたいのは、『クリスマス・イブのおはなし』です。この絵本は「あっちゃんとゆびにんぎょう」「100こめのクリスマス・ケーキ」「サンタさんのいちにち」の3冊がセットになっており、どれから読んでも、すべて話がつながっています。

わが家の一番下の娘は3歳の時、この絵本を気に入り、持ち歩いていた時期がありました。

この絵本に出会ったのは、その頃のアドベント（待降節）期間だったでしょうか。娘にとって家でモミの木にオーナメント（装飾品）を飾ったり、ローソクに火をつけてケーキを食べたり、サンタさんからプレゼントをもらったりしたことは、とても楽しかったのだと思います。

この3冊の絵本の中に出てくる、ケーキ屋さんから大きなケーキをもらう場面、サンタとトナカイが夜中にプレゼントを持ってくる場面などのすべてが、楽しかったこの年のクリスマスと重なったのでしょう。だからこそ、この絵本をずっと持ち歩いていたのだと思います。

また、この時、彼女はこの小さなサイズの絵本をとても気に入って、「〇〇（自分の名前）ちゃんは小さいから小さい絵本がいいの」と言って

サンタさんのいちにち

100こめの
クリスマス・ケーキ

あっちゃんと
ゆびにんぎょう

いました。絵本に出てくるあっちゃんという女の子がケーキを一人で買いに行く場面は、そうはできない自分と重ね合わせて見ているようでした。「〇〇ちゃんは一人ではケーキ屋さんに行けないよね」と話していました。

こうした言葉から、一人ではできない小さな自分と、「何でも自分でやってみたい」思いとの間で揺れ動く気持ちも感じられたのです。

わが家の子どもたちはずいぶん大きくなりましたが、今も家族で祝うクリスマスを楽しみにしています。クリスマスを待ち望む時期は、子どもにとっては特別のものです。

自分は小さな存在であるけれども、親や家族、友達や恋人だけでなく、目には見えない大きな存在からの愛に包まれていると感じる機会になっているのかもしれません。このような愛は、子どもの大きな希望にもつながることでしょう。

いつまでも、いいクリスマスを過ごしたいものです。

『クリスマス・イブのおはなし』／長尾玲子 作／福音館書店

雪遊びから感じる人生

わが家は、毎年、年末年始を北海道で過ごしていました。子どもたちは毎年、雪で遊ぶのを楽しみにしていたのです。スキー、そりすべり、雪合戦などをして遊びます。

その中で恒例となっているのが、家族5人全員が入れるかまくら作りです。完成までは、汗びっしょりになって体を動かし、およそ半日かかります。毎年立派なかまくらができ上がります。

ただ、その後、それが太陽に照らされ、次第に溶けて崩れていくことを切なく思います。帰り際には、つい、その形の崩れたかまくらに目がいってしまうのです。

そんな切なさを描いた物語があります。日本の代表的な昔話にも「ゆきむすめ」がありますが、ここではイギリスのスノーマン、『ゆきだるま』を取り上げます。

男の子が目覚めると、外は雪。嬉々と飛び出し、一日がかりで大きな雪だるまを作りました。夜中になり、外に出てみると雪だるまが動き出し、2人は明け方まで、とても楽しい時間を過ごしたのです。そして、翌朝、目覚めて外に出てみると、雪だるまの姿はありませんでした。この文字のない、淡い色で描かれた物語は、強烈に子どもの心

に響きます。

私は子ども時代、暮らしていたところによく雪が降ったこともあり、一人で雪だるまを作ったことが何度もありました。今のように上質な手袋もないので、手を真っ赤にさせながら作ったものです。家の庭に置かれた雪だるまは、この絵本と同じようにいとおしい存在となるのでした。日に日に形が崩れ、小さくなる姿を切なく思ったものです。

ＤＶＤもゲーム機もない時代、一人の時間がたっぷりあったことも、このような豊かな世界に出会えた一因かもしれません。自分が手を掛け、思いを掛けて作ったものが消えていくこと。切ないながらも、子ども時代の原風景として、強く記憶に残っています。

子ども時代に一人でじっくりと、思いを込めて何かを生み出す経験。自分の手掛けたその作品が、とてもいとおしくなること。しかし、その作品は永遠ではないと知ること。それは、人生そのものを学ぶ大切なことなのかもしれません。

『ゆきだるま』／レイモンド・ブリッグズ 作／評論社

「本当の友達」に出会う幸せ

幼稚園の3歳児の映像を見ました。箱ブランコに乗った男の子が、後から乗ってきた子と友達になろうと懸命にアプローチする場面です。最初は、「あそこにチューリップが咲いているよ」と指をさして、共通の話題をつくろうとします。でも、まったく受け止めてもらえず、諦めてしまいます。笑いかけてみますが、ダメです。

そこで、相手の子が横になって寝たふりをしたので、自分も同じように横になってみました。すると、その子は喜び、2人は互いをまねしながら少しずつ仲良く遊び始めるのです。それだけの場面ですが、子ども同士が友達になることは、簡単とは限らないのです。

『ともだちや』は、キツネが1時間100円で友達になってあげる商売をするお話です。商売は、なかなかうまくいきません。友達を商売にするなんてむなしいものです。

それが一変したのは、オオカミがお客さんになった時。キツネが「おだいを」と言った瞬間です。オオカミは「おまえは、ともだちから　かねを　とるのか」「それが　ほんとうの　ともだちか」と大声で叫んだのです。そこから、2人は本当の友達になっていくのです。

この絵本を読んでもらっている子どもたちは、自分の友達を思い描

きながら、話を聞いているのかもしれません。

息子が中学生の頃、別の中学校に入学した幼稚園時代の友達が時々ふらっとやって来ました。幼稚園時代、2人はいつもけんかばかりしていました。それでも、2人は互いのことが好きなようで、それ以降もずっと友達だったのです。

2人は、流行のアニメやゲームなど、たわいもない話をするだけでした。2、3時間ほどの決して長い時間ではありません。それでも、その時間を過ごすと、息子もとても幸せそうな顔をしていました。2人を見ていると、「本当の友達」っていいなって思います。

私にも、普段はほとんど会うことのない田舎の友人がいます。それでも、子ども時代のけんかも含めて、ぎゅっと詰まっていた充実した時を一緒に過ごした友達には、特別な思いがあります。

子ども時代、そんな友達と出会えることは、どれほどすてきなことかと思います。


『ともだちや』／内田麟太郎 作　降矢なな 絵／偕成社

生き物の魅力を知り、触れあう時間

かつて私が勤めていた幼稚園では、春になると園庭の小さな池に、無数のオタマジャクシが生まれました。そして、新入園の子どもたちが池を囲み、そのオタマジャクシを眺める姿が見られるのです。

もちろん、ただ見ているだけでは満足できません。砂場の小さなカップを持ち出し、オタマジャクシをすくい取る子が出てきます。飽きもせず、すくってはバケツに入れる作業を多くの子が楽しみます。

母親から離れるのが不安で泣いていた子も、オタマジャクシをすくっていると、次第に笑顔が見られるようになります。オタマジャクシにはちょっと気の毒ですが、子どもたちにはとてもありがたい存在です。

そんなオタマジャクシの魅力にあふれた絵本が『９９９ひきのきょうだい』です。

ある園の３歳児にこの絵本を読んでみると、まず、表紙に描かれた無数のオタマジャクシの姿に引き込まれます。しかも、９９９匹のオタマジャクシの中で、眠ったままの子が１匹いるという話なのです。「いいかげんにおきなさあい!!」とお母さんに言われて起きる場面では、みんなが笑顔になります。初めての園生活に緊張を感じている子どもにとって、少しほっとする場面です。

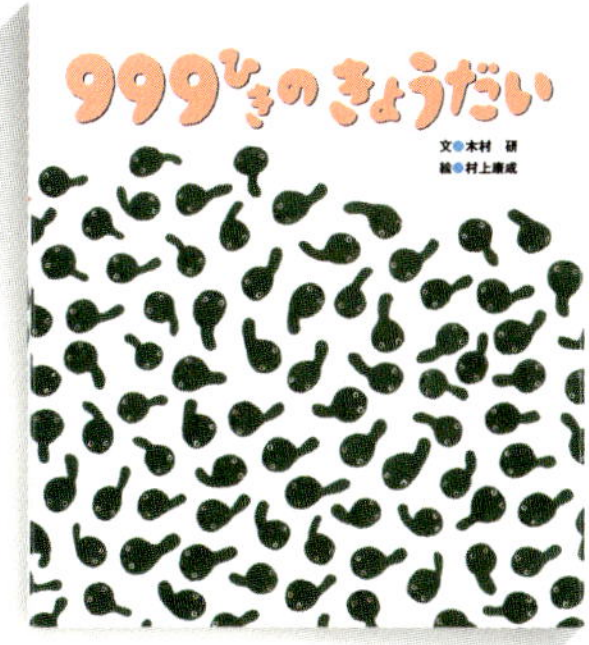

ところが、それから真っ赤なヘビがやってきます。みんなびっくりして、嫌な表情をする子もいます。でも、オタマジャクシたちがみんなで力を合わせ、さっきの眠っていたオタマジャクシの大活躍でヘビをやっつけるのです。読んでもらっている子どもたちも大喜び。まるで、自分がやっつけたような気持ちになっている子もいます。

子どもたちは、自分の姿を重ねて話を聞いているのかもしれません。また、自分たちが捕まえたオタマジャクシの姿と話を、つなげて聞いている子もいるでしょう。「○○ちゃんが捕ったオタマジャクシはね…」などと、たくさんの声が上がります。オタマジャクシに触れたことが安心の基盤になるとともに、園生活への希望が膨らむ契機にもなっているようです。

子ども時代、自然の生き物にたっぷり触れることができる時間と環境があり、それを一緒に楽しむ仲間がいることは、最高にぜいたくなことです。

『999ひきのきょうだい』

／木村研 文 村上康成 絵／ひさかたチャイルド

生活の中に 絵本がある大切さ

ある保育園の5歳児の話です。タクトくんは鼻の穴に指を入れてしまうことが多く、しょっちゅう中の血管を切って鼻血を出してしまいます。その日も大量の鼻血が出てしまい、ベッドに運ばれたのです。いつものことなので慣れてはいるのですが、とてもつらいようです。

その時、タクトくんは「先生、血のお話の絵本ってあるの？」と聞いたそう。保育士が「あるよ」と答えると、「持ってきてほしい」というのです。それが、科学絵本『ちのはなし』です。

この絵本、男の子が転んで膝を擦りむいて血が出てきたところから始まる話ですが、そこからがなかなか専門的です。

血が出るのは「ちの　とおっている　くだが　やぶけるからだ」というくだりから、体中に血管が通っているという説明が始まります。そして、その血は心臓が押し出していることなどが書かれています。そんな専門的な話も、タクトくんにとっては人ごとではないので、真剣に読んでいたそうです。

タクトくんが興味を持ち始めたことから保育士がクラスで読んでみると、なかなかいい反応だったそうです。喉のところに大きな血管が2本ある絵を見て、みんなで血管を探すこともしたようです。喉に手

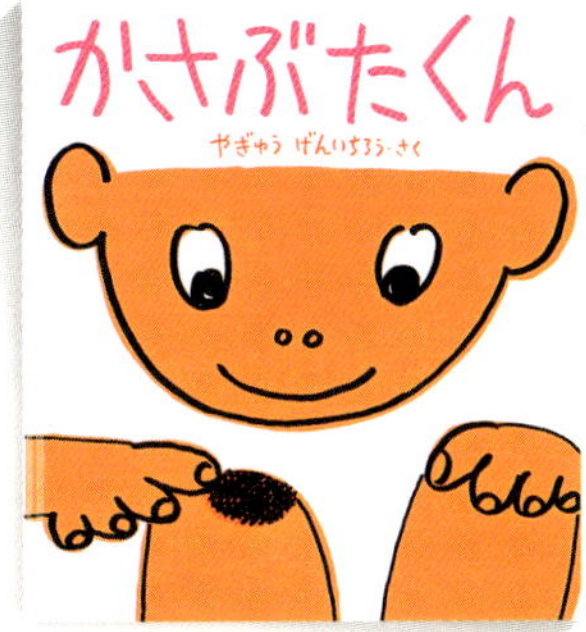

を当てると、ドクドクと脈打っていることに気づく子どもたちもいました。さらに、『かさぶたくん』という科学絵本にも出会い、かさぶたにも興味を持ち「かさぶたがある人？」という話になりました。週末の保育では、「お休みの日に血が出たら、かさぶた見せ合おうぜ」という話で盛り上がったそうです。

けがや痛みを通して、子どもの科学的好奇心が広がることがあります。当事者にとってはつらいことですが、その子の痛みへの共感と同時に、自分の身体に関心を持つ経験も大切なことです。

しかも、この事例がとてもいいのは、鼻血が出てしまった子が先生に「血のお話の絵本」を要求したことです。困った時にぴったりな絵本は、先生に聞けばわかると思ったのでしょう。

それは、いつも先生が、園での出来事に結びついた絵本を紹介しているからでしょうね。なんてすてきな先生でしょう。生活の中に絵本があることはとても大事だと、あらためて実感させられました。

『ちのはなし』／堀内誠一 作／福音館書店

『かさぶたくん』／やぎゅうげんいちろう 作／福音館書店

出来事をつなぐ、絵本の強さ

ある園でスイカがおやつに出た時、３歳の子が「スイカの種を土に埋めると、大きな木になるんだよね」と先生に話したそうです。そして、実際にやってみることになりました。

そのやりとりを聞いていた別の子は、「それじゃあ、『ぐりとぐら』みたいだね」と話したそうです。担任の先生は、それがなぜ「ぐりとぐら」につながるのか、さっぱりわからなかったと話してくれました。

それを聞いた私は、にんまりしてしまいました。その意味がわかったからです。それは、『そらいろのたね』のことだと。

このお話は、ゆうじくんの模型飛行機ときつねの空色の種を交換したことから始まります。ゆうじくんは種を庭に埋めました。すると翌朝、土の中から豆くらい小さな空色の家が出ていたのです。

空色の家を育てていくとだんだん大きくなり、そこにたくさんの動物や人間の友達が集まってきました。すると、驚くような人たちが来たのです（ここからはネタバレ注意）。名作『いやいやえん』に出ていた主人公の「しげる」が登場します。さらに、赤いバケツを持った「やまのこぐちゃん」や「森のおおかみ」などもやって来ました。

この絵本を初めてわが家の子どもたちに読んであげた時、『いやいやえん』の登場人物が次々に出てくるのを見て、驚きの声を上げていたことを今でも忘れません。

さらに目を移すと、小さな、小さな「ぐりとぐら」もいるではないですか。私も、初めてこれを知った時は衝撃でした。しかも、「ぐりとぐら」は人と並ぶとこんなにも小さな体だったのかと、重ねて驚きました。

きっと、この園の子が「ぐりとぐら」と言ったのは、このお話のことでしょう。このエピソードを話してくれた若い先生にそう伝えると、うれしそうに「そうだ。私、何回も『そらいろのたね』を読んでました」と答えてくれました。

その子は、先生に読んでもらった絵本を印象深く覚えていて、スイカの種の出来事とのつながりを発見し、言葉にして伝えていたのです。なんてすてきな保育でしょう。

あのスイカの種からは、一体何が出てくるのでしょう。大人もワクワクしてきますよね。だから、保育はおもしろいのです。

『そらいろのたね』／中川李枝子 作　大村百合子 絵／福音館書店

セミの一生から
貴重な時間を再確認

セミの鳴き声も聞こえなくなってきた、夏の終わり頃のことです。ある保育園の5歳児クラスの子どもたちは、夏の間、毎日のように園でセミ捕りをしていたそうです。暑くて誰も外に出ない夕方の時間帯にも、このクラスだけは長い虫捕り網を持ってみんな出て行くくらい、夢中でした。もちろん、先生も一緒です。

そんなある日、子どもたちは『セミたちの夏』という写真絵本に出会いました。その中で、幼虫が土の中で5年間過ごし、卵が産まれてから6年たって成虫になるセミの一生を知るのです。

一人の子が「俺たちとおんなじ6歳だ」と言いました。みんな静かになったそうです。多くの子どもたちが、セミの一生と自分自身を重ねたのだと思います。恐らく、目の前のセミへの見方が大きく変わった瞬間だったのでしょう。

そこで、保育者は『モグラくんとセミのこくん』を読んだそうです。土の中で出会い友達になった、モグラくんとセミのこくんの物語です。

2人は春夏秋冬、とても仲良く、楽しく過ごしました。しかし、セミのこくんは、1年ごとに殻を脱いで大きくなっていきます。その様子を見たモグラくんは、「きみは　セミに　なったら　とんでいっちゃ

うんだね」と言いました。セミのこくんは、「ぼく、ここが　すきだから　ずっと　つちのなかに　いるよ」と答えたのです。

しかし、とうとうその日が来ました。土の下に居続けるセミのこくんは、動けなくなってしまいます。モグラくんは、急いでセミのこくんを土の上に運び出しました。すると、セミのこくんは、殻を脱いで成虫になりました。セミのこくんの鳴き声は、土の中にいるモグラくんにも聞こえたというお話です。

このお話から子どもたちは、保育園で長い間過ごしてきた仲間たちとの別れを思い浮かべたのかもしれません。担任の先生は、この子たちとの別れの日が頭をよぎり、涙が出たそうです。子どもたちと過ごす毎日がどれほど貴重な時間であるかを、セミに夢中になったこの夏の保育を通し、心から実感させられたと話してくれました。

子どもと夢中になって過ごす何げない生活こそが貴重なのです。

やっぱり、保育は素晴らしい。

『セミたちの夏』／筒井学 写真・文／小学館

『モグラくんとセミのこくん』／ふくざわゆみこ 作／福音館書店

子どもが教えてくれる、絵本のおもしろさ

ある時期、うちの子たちは『はたらきもののじょせつしゃけいてぃー』が大好きでした。この絵本は、町に大雪が降り、すべての道が通れなくなったところで除雪車のけいてぃーが登場し、雪をかきのけてみんなの役に立つというお話です。その時期、寝かしつけの時のリクエストが多かった絵本です。

私は眠気をこらえてこの絵本を読み終わった後、妻に「この絵本、子どもたちは何がおもしろいんだろうね」とつぶやきました。驚いたような顔をした妻から「え？　なんでわからないの」と言われて、後で恥ずかしい気持ちになったことを覚えています。

年末年始を、北海道にある妻の実家で過ごしていたある年のことです。大雪が降り、家族全員で雪かきをしました。ひざ上まで積もった雪をかく経験は初めてで、大変でした。その時に町を走っていた除雪車が、とてもカッコよかったのです。私はけいてぃーのことを思い出し、あらためてこの絵本を子どもに読みました。

物語の中で町は雪で埋め尽くされ、道はすべて通れず、学校や店や工場は休みになり、警察は町を守れず、電話線も切れ、水道管も割れ、病人を病院に運べず、消防車も動けない状況になるのです。つまり、

町はすべての機能が絶たれてしまったのです。
そこで登場したのが、けいてぃー。「ちゃっ!ちゃっ!ちゃっ!」と言いながら、ゆっくり、じっくり雪をかきのけて前進していきます。絶体絶命の危機的状況で登場するけいてぃー。カッコいい以外の何ものでもありません。けいてぃーは火事のところまで消防車の前を走り、道を作ります。町が少しずつ息を吹き返していく様子がよくわかります。けいてぃーの力強さは、私の気持ちをも力づけていくようでした。けいてぃーにいとおしさを感じ、わくわくしてページをめくっていきます。読み終わると、前向きな気持ちになっている自分がいるのです。この絵本にほれ込んでいた子どもの気持ちが、少しわかったような気がしました。
不思議なもので、あることがきっかけで絵本の見え方が全く変わることがあります。絵本のおもしろさの多くは、こうして子どもたちに教わっているように思います。

『はたらきもののじょせつしゃけいてぃー』
／バージニア・リー・バートン 文・絵、いしいももこ 訳／福音館書店

コミュニケーションを育む絵本の力

私にとって『くだもの』ほど、何がおもしろいのかさっぱりわからない絵本はありませんでした。次から次へといろいろな果物が登場し、向こう側から「さあ　どうぞ」と差し出されるだけなのです。しかも、差し出す登場人物の顔は見えず、果物を持った手がこちらに差し出されるだけ。

ところが、ある日、子育てひろばで1、2歳の子どもたちにこの絵本を読んだ時、私はとても愉快な経験をすることになったのです。

この絵本を読み始めると、一人の子が私から果物を受け取るふりをし、「あむっ」とそれを食べるまねをしたのです。すると、他の子も次から次へとやってきて、「あむっ」と食べるまねをしては「ギャハハハ」と笑うのです。中には、私に食べさせてもらうふりをする子もいます。

同じようなやりとりを、別の保育園でも経験しました。果物を取りに来る子が続出する中で、そのやりとりを見ているだけの子もいました。すると、一人の子が私から果物を受け取るふりをしました。フォークごとそれを持って行き、見ているだけの子の前で「はい、どうぞ」と食べさせようとするのです。

その子は、「あーん」と口を開けて「ぱくっ」とそれを食べるまねをし

『くだもの』／平山和子 作／福音館書店

ました。そして、2人はにっこり笑みを交わし、何度もそれを続けたのです。実に楽しく、温かいやりとりでした。

私はよく、子どもから絵本のおもしろさを教わります。『くだもの』もそうでした。こうした子どもとのやりとりを経て、とてもおもしろい絵本だと思うようになったのです。

また子どもたちのおかげで、この絵本は登場人物の顔が見えないからこそ、読み手自身が「さあ　どうぞ」と果物を渡す存在になれることに気づきました。また、手がアップで描かれているからこそ、子どもの目の前にそれがぐっと迫ってくるのだと思いました。

この絵本を読んでいると、絵本がいかに優れたコミュニケーションツールであるかを実感させられます。このような絵本を通した温かいやりとりは、人から人へ愛を受け渡す行為だとも実感させられるのです。しかも、それは大人から子どもに対してだけでなく、子どもから子どもにも、子どもから大人にも行われるのです。

違っているのは
すてきなこと

ある保育園の5歳児の、卒園式も終わった3月末のエピソードです。この園には、アフリカ出身のマエダさんというパート職員さんがいます。ずっと、園児たちと関わってきたのですが、その日、子どもたちが担任の先生に聞きました。「マエダさんって外国の人？」「そうだよ。初めて気がついた？」「うん。肌の色が違うもん」「そうだね」「どこの国の人？　アメリカ？　中国？」「ううん、違う。マエダさんに聞きに行ってみようか」。こんなやりとりがあったのです。

子どもたちは、マエダさんにたくさんの質問をしました。すると、アフリカの文化や習慣の違いや、マエダさんが5カ国語を話せる人であることも知りました。

そこで先生は、『せかいのひとびと』を子どもたちに読んであげました。読み終わった後、子どもたちは友達と顔を突き合わせ、この絵本に関するおしゃべりをしました。人種や文化の違い、顔や鼻の違い、食べ物の違いなどで話が盛り上がります。

顔や鼻の違いでは、「トランプ大統領を探せ」という遊びも生まれました。宗教の違いでは、「どの神様がいい？」との問いが生まれ、「いっせいのせ、これ！」などと、みんなで指さす姿なども見られました。

最後、「だれもが　思っていることも　食べるものも　着るものもなんでも　ぜんぶ　同じだったら　死ぬほど　たいくつ」という場面が出てきます。そして、次のページには、一人ひとりが違う絵が出てくるのです。

「それぞれ　こんなに　ちがっているって　すてきでしょ?」の絵本の問い掛けに、みんなは「本当だ!」と声を上げたのです。その後、マエダさんに、親しく語り掛ける子どもたちの姿があったそうです。

このクラスの子どもたちは、一人ひとりの個性が光る本当にすてきな仲間になりました。たくさんのドラマがあり、友達や先生をいとおしく思い合う姿を感じることができたのです。そんな豊かな育ちをしてきたこの子たちが最後に盛り上がったのが、「それぞれの違いがどれほどすてきか」という絵本だったのです。

4月になり、小学校1年生になったこの子どもたち。それぞれの場所で、どんな新しい生活を始めているでしょうか。

『せかいのひとびと』／ピーター・スピアー 作　松川真弓 訳／評論社

混沌から秩序を見出す経験の必要性

『どろんこハリー』は、子どもたちが、何度も何度も「これ読んで」と言ってくる名作です。時代が変わっても人気は変わりません。

犬のハリーはお風呂が大嫌い。外に逃げ出し、思い切り遊んで、泥だらけになってしまいました。「くろいぶちのあるしろいいぬ」のハリーは、「しろいぶちのあるくろいいぬ」になってしまったのです。

家に帰ると、家族のみんなはハリーだとわかってくれません。さまざまな芸当をやって見せてもダメでした。そこで、ブラシをくわえて家の中に上がり込み、お風呂に飛び込んで家族に洗ってもらうと「ハリーだ、ハリーだ」とやっと気づいてもらえたというお話です。

子どもたちは、泥んこ遊びが大好きです。あまり外遊びをしてこなかった子どもは最初、泥んこ遊びをすることに抵抗を示します。でも、他の子がしていることに魅力を感じ、次第にその遊びに引き込まれていきます。

習い事が多い子の中には、泥んこ遊びを好んで毎日する子もいるようです。まるで、秩序立てたことばかりで、がんじがらめに縛られた生活からの解放を求めているようです。泥んこ遊びは、まさに混沌《こんとん》の世界に自分を投げ込む行為だと思います。

多くの子は「ぐちゃぐちゃ」「ドロドロ」「ベトベト」を体感した後、安定した表情で泥のチョコレート作りを始めたり、川づくりを始めたりするのです。それは、混沌から秩序を見出す営みです。これは、遊びの本質といえるでしょう。

そういえば、私はゼミ生と授業でよく遊ぶのですが、学生からのリクエストは、泥んこ遊びや全身を使った「塗りたくり遊び」が多いのです。子どもみたいに大きな声を上げて笑い合い、互いの体にとろみをつけた絵の具を塗りたくり合うのです。

これをかなりの時間行った後、ゼミ生たちは穏やかな表情になり、チームワークを発揮した学習活動を始めます。学生も日常の枠から解放され、混沌の経験を求めているのかもしれません。

大人も時には子どものように、混沌の世界に没入し、そこから秩序を再構成していく経験が必要なのかもしれません。

『どろんこハリー』／ジーン・ジオン 文
マーガレット・ブロイ・グレアム絵　わたなべしげお 訳／福音館書店

五感で感じる絵本との出会い

読み聞かせの反響がいい絵本の一つが『へび のみこんだ なに のみこんだ?』です。表紙は、真っ白な背景に黒いヘビのシルエット。ちょっと怖いけど、どんなお話かと興味をそそります。

この絵本は、ヘビが何を飲み込んだかという問いと、その答えで展開されます。最初のページ。「はらへったから のみこんだ なに のみこんだ?」と、ヘビが何かを飲み込んだシルエットが記されていて、何を飲み込んだかが問い掛けられます。まさに「あてもの」系の絵本です。

子どもたちは、おなかの形からさまざまな食べ物をイメージして、思い思いに答えます。ページをめくると、おなかの中に鮮やかな色のペロペロキャンディー、ソフトクリーム、リンゴが映し出されます。そして、「やっぱり」「本当は違うんだよ」など、たくさんの声が聞かれるのです。

この先、さまざまな問いが続きますが、想定外の物が飲み込まれていて、子どもたちが「すげえ」などと声を上げたり、大爆笑したりする姿が見られ、盛り上がります。「あてもの」系の絵本のおもしろさです。でも、「『あてもの』だから」というだけでなく、そこには子どもがおもしろがる幾つかの理由がありそうです。

例えば、モノトーンのヘビと対照的に、おなかの中の想定外の物が色鮮やかに描かれているので、強いインパクトが感じられます。

また、それらを飲み込んだ理由が「つよくなりたいから」「もっとおおきくなりたいから」など、子どもたちの願望と重なっており、ナンセンスな答えとのギャップのおもしろさもありそうです。子どもたちは何度も「読んで」と言って持ってきます。私の教え子の学生たちも大好きです。

ある園では、一人の子どもがあることに気づきました。「この絵本、ヘビの皮でできてる」。確かに、カバーの手触りはザラザラ感があり、ヘビのうろこのような模様があります。カバーを外しても、同じような手触りと模様があります。中のツルツル感と対照的です。

子どもは五感で物事を感じ取り、大人の気がつかないことをよく発見します。だから、こうした手の込んだ絵本に出会うことが大事なのです。

『へび のみこんだ なに のみこんだ?』／tupera tupera 作／えほんの杜

「幸せの時間」を生み出す、絵本を通じた「やりとり」

一番上の息子は熱帯魚が大好きで、彼が高校生の頃わが家には水槽が三つもありました。何種類かの熱帯魚がたくさんいましたが、彼はすべて違いがわかっていました。でも、私には全部同じに見えて、魚を1匹ずつ目で追おうとしますが、草に隠れてしまい、なかなか数の確認ができません。

そんなことをしているうちに、「そういえば似たような絵本があったな」と思い出したのが『きんぎょがにげた』です。誰もが好きになる、定番の絵本です。わが家の子どもたちにも、園やひろばの子どもたちにもよく読みました。

内容は、金魚が水槽から逃げていろいろなところに隠れ、それを探すというもの。水槽からカーテン、そこから植木鉢、キャンディーの容器へと逃げていきます。はっきりとしたカラフルな色彩の絵なので、赤ちゃんでも興味を持ちます。

カラフルな絵と同時に、そこから金魚を探し出すことがこの絵本の特徴です。1歳前後の子どもたちも、「あ」と言って指さしをします。指さしをするということは、他者の目線を意識していると考えられます。つまり、一緒に読んでいる私に「ここだよ」と伝えているのです。

そう、この絵本のおもしろさは、「次はどこにいるのかな」と親子（子どもと大人）で一緒に金魚を探すところにあります。「パパ、見つからないな」なんて言うと、子どもは勝ち誇ったように「ここ」と指さします。まさに「やりとり」を楽しむ絵本なのです。

教え子の学生とも楽しめます。大型絵本を使って読むと、学生も子どもみたいに指さしをしてくれます。でも、終盤で三面鏡に映し出された金魚が出てくると、それまで余裕で探し出していた学生がピタッと止まります。「どれが本物？」と考えだし、「これだよね」と議論になります。私は一人、ほくそ笑みます。そんな「大きな子どもたち」とも、「やりとり」を楽しめます。

絵本の読み聞かせの真の魅力は、読む側と読んでもらう側の相互の「やりとり」にあると思うのです。こうした「やりとり」が、一緒にいることの「幸せの時間」を生み出しているのだと思います。『きんぎょがにげた』は、赤ちゃんから学生まで、幅広い人たちと「やりとり」を楽しめる最高の絵本です。

『きんぎょがにげた』／五味太郎 作／福音館書店

関係性が変わる「協同的な学び」

『不思議の国のアリス』は、子どもたちに人気の仕掛け絵本です。仕掛け絵本だからこそ表現できる、不思議な世界が描かれています。白ウサギの家の場面や、トランプの場面など、実に魅力的です。

大学で私のゼミに所属する3年の学生は、毎年劇作りに挑戦します。ある年のテーマは「不思議の国のアリス」でした。自分たちで題材を決め、脚本を作り、実際に演じるのです。2日間の学園祭で、その劇を披露します。その年も多くの人が集まり、盛況のうちに終わりました。

小さい時からアリスが大好きで、その世界にあこがれてきた一人の学生がいました。題材選びでは、ゼミ生一人ひとりが自分のやりたい劇をプレゼンするのですが、彼女は衣装から場面選び、展開の仕方まで、詳細に劇のイメージを発表したのです。

アリスの幻想的な世界を劇にするのは難しく、かなり議論になりました。そうした中、その学生による熱い発表が一つの動機づけとなり、彼女が主人公を演じてアリスをやってみようということになったのです。

ゼミ生の劇も、この仕掛け絵本に劣らない魅力的なものとなりました。見に来た子どもたちはすっかりアリスの世界に引き込まれ、うっ

とりしている姿が印象的でした。あまりにほれ込み、2日間続けて通う子どももいたほどです。子ども時代からアリスにほれ込む学生の思いから始まり、そこに多くのゼミ生たちのアイデアや工夫などが加わって、実にすてきな作品になりました。

夏のゼミ合宿の時、始まったばかりの劇の練習の様子を見に来たある保育士さん。数カ月後の本番を見て、「みんなの距離感と表情が全く違う」と、ゼミ生の関係性の変容に驚いていました。

そうなのです。共通の目的に思いを合わせて対話を重ね、試行錯誤し、協力し、達成する経験をした学生たちは自信を深め、関係性が変わるのです。これは、幼児の「協同的な学び」といわれるものと同じです。そして、一人ひとりの個性が、実によく生かされていました。

劇終了後、みんなで涙を浮かべて抱き合うゼミ生たちの姿に、感動してしまいました。すてきな学生たちです。

『不思議の国のアリス』／ルイス・キャロル 原作
ロバート・サブダ 作　わくはじめ 訳／大日本絵画

自由な発想で、多様な発見を

ある園の1歳児クラスは、絵本が大好き。今、パンダに夢中で、先生はパンダの絵本を何冊も読み聞かせています。中でも大ヒットだったのが、『おねがい　パンダさん』です。

この絵本のパンダは、いわゆるかわいいパンダとは少し違います。「ドーナツ、いかがですか？」と言いながら、欲しがるさまざまな動物に対して、「やめときます。あげません」とへそ曲がりな回答を繰り返すのです。ところが、最後にワオキツネザルに出会い「おねがいパンダさん、ぼくにドーナツくださいな」と言われると、「はい、ぜんぶあげます」と言って、あげてしまいます。読み手は「え、なぜ？」という気持ちになり、話が終わるのです。

この絵本は、インターネットでも話題です。「よくわからない」という感想も挙げられています。一方、他の動物は「おくれよ」や「よこせ」と言うのに対して、ワオキツネザルは丁寧な言葉遣いをしていることが「正解」という読み方が多くありました。帯に「『おねがいします』『ありがとう』という言葉を忘れてしまった大人たちにも読んでほしい」というコメントもあるほどです。

この1歳児クラスの子どもたちは、どうでしょうか。「いかがです

か?」「やめときます」というやりとりの繰り返しがおもしろいらしく、何度もこの場面を楽しんでいます。中には、カラフルなドーナツの色合いが大好きな子がいます。ワオキツネザルのしっぽにドーナツが入っていることに気づく子もいます。「おねがい」という言葉の使い方をまねする子もいます。表紙の裏のカラフルなドーナツの中に、ワオキツネザルが隠れていると気づく子も出てきます。

大人は「この絵本が伝える『正解』は何か」と考えがちです。しかし、絵本を自由に楽しむ機会を与えられた子どもたちは、さまざまな発想で絵本を読んでいきます。だからこそ、子どもには絵本からの多様な発見や対話があり、探求が生まれるのです。この絵本を正しい言葉遣いを学ぶ道具としてだけ使うならば、全くおもしろくないお話になってしまうでしょう。

子どもと担任の先生から、この絵本の秘められた魅力をたくさん教えてもらいました。

『おねがい　パンダさん』／スティーブ・アントニー 作　せなあいこ 訳／評論社

「大好き」が能動的な学びを生み出す

散歩などで犬が大好きになった、ある保育園の2歳児たち。保育者も犬を飼っている方が多く、それぞれの飼い犬の写真を何枚も集めました。

その後、集まったいろいろな種類の犬の写真をパウチし、ウォールポケットに入れると大人気。見学をさせていただいた日も、一人の子が、そこから自分のお気に入りの犬の写真を「いぬ」と言って私のところに持ってきて見せてくれました。

保育室には犬のぬいぐるみが置かれ、多くの子どもたちがあちこちに持ち運びします。このクラスでは犬ブームが続いているようで、集まった場面でも、保育者は犬の話をしていました。

今回紹介するのは、小さい年齢に人気の『いぬ』です。これは、小さな子どもの初めての出会いを描いたシリーズの4冊目です。

主人公の「ぼく」は今日一日、1匹の犬を預かったようです。犬がご飯を食べる姿、「ぼく」をなめる姿、靴をくわえて逃げる姿、足を上げておしっこをする姿、穴を掘る姿など、すべてが犬らしい姿にあふれています。実際に犬を知らない子どもも、とても引きつけられる絵本です。

小さな子どもは、動物が大好きです。この2歳児クラスでも、ある子どもの犬好きの興味を保育者が拾ってあげたことで、みんなの「大好き」に広がっていきました。そして、犬のさまざまなしぐさや特徴に気づき、繰り返し、それを楽しみます。その中で、犬へのいとおしい感情を深めていくのです。

この園で読まれたかどうかわかりませんが、このクラスに『いぬ』の絵本を紹介したいと思いました。この子たちであれば、犬の一つひとつのしぐさや姿を楽しんでくれるでしょう。そして、子どもたちは「ぼく」になって、絵本の犬と親しむだろうと思います。

「わかる」とは、対象に「なってみる」行為を通して行われるものです。まさに、「ぼく」になって犬を飼う疑似体験をすることが、「わかる」のだと思います。この絵本は「ずっと　いっしょに　いたいなあ」という「ぼく」の言葉で終わるのですが、「ぼく」の気持ちになって別れることの寂しさを経験するでしょう。「大好き」の気持ちが、自己世界を広げていく能動的な学びを生み出しているといえます。

『いぬ』／ジョン・バーニンガム 作　谷川俊太郎 訳／冨山房

「見えない世界」に親しみ、湧き出る想像力

『もりのなか』は、紙の帽子をかぶり、新しいラッパを持った「ぼく」が森に散歩に出掛けると、ライオン、ゾウ、クマなど、たくさんの動物たちが一緒についてきて、楽しく遊ぶというお話です。

私の授業では、よく学生に絵本を持ってきてもらうのですが、この本を持ってくる学生を一度も見たことがありません。

こんな名作中の名作なのになぜでしょう。白黒で描かれたとても地味な色合いで古めかしくもあり、物語も一見単調な印象があるからかもしれません。私も最初はそう思っていました。でも、絵本に親しんでいる子どもに読んでみると、話にぐっと引き込まれていく、魅力的な絵本であることに気づかされるのです。

毎年、ゼミの学生と夜の森を歩く機会があります。森の案内人が「夜の森は動物が活動し始める時間です」と言い、「野ネズミの『ぐりとぐら』も動き出します」と話した時です。私はワクワクして聞いていたのですが、一人の学生が「怖い」とつぶやきました。最初は驚きましたが、暗闇の森は今の学生にとって、「怖い」と感じるものなのかもしれません。

確かに、見知らぬ生き物が見えないところにいるのだから、怖いの

も当然かもしれません。現在では、暗闇も、森も、私たちの生活の中から失われた親しみのない世界になってしまいました。この絵本が選ばれない理由も、そこにあるのかもしれません。

でも、子どもは、小さい時から絵本やお話を通して見えない世界に親しむことで、想像力をかき立てられていくものです。実際には見えない、たくさんの動物たちが見えてくるのです。この絵本の最後の場面でお父さんが来ると、現実に引き戻され、その動物たちは消えてしまいます。

見えない世界が豊かに見えることとは、現実の世界で暗闇に出会ったときにも、それを乗り越える想像力につながるのだと思います

一見すると淡く見えますが、その中に潜む豊かな物語のある絵本に親しむことで、力強い想像力が湧き出るとともに、私たちの生きている「世界」への親しみと信頼を持てるようになるのではないかと思います。

『もりのなか』／マリー・ホール・エッツ 文・絵　まさきるりこ 訳／福音館書店

あとがき

本書は、日本教育新聞において2015年3月〜2018年2月に掲載された原稿を、全面的に加筆修正したものです。ここで取り上げた絵本の多くは、私自身が読み聞かせをする中で出会ったものや、現場の保育者のエピソードからのものです。ですから、とりあげた絵本が、必ずしも大豆生田が親や保育者におすすめする「ベスト絵本」というわけでもないのです。

私は、絵本をどのように選ぶのがよいか質問されることがよくあります。その場合、最初に「その子が好きなものが出てくる絵本」をおすすめします。乗り物が好きなら乗り物が出てくる絵本、動物が好きならその子の好きな動物が出てくる絵本、という感じです。3歳未満児であれば、色や形、動きのおもしろいもの、あるいはオノマトペ（擬音語・擬態語）などの言葉のリズムがおもしろいもの、あるいは、やりとりを楽しめたり、身近な生活の話などもいいでしょう。

3歳以上になってくると、物語性があるものや、科学絵本、ナンセンス絵本、昔話、幼年童話など、バリエーションは多様に広がります。実際には、図書館や子育て支援センターなどで、子どもと一緒にいろいろな絵本を開くとよいでしょう。園で読んでいる絵本もいいですね。きっと、お気に入りの絵本があるはずです。

絵本の読み聞かせが楽しくなると、子育てや保育はもっと楽しくなります。本書がその一助になれば、幸いです。

本書の制作にあたって、「絵本と保育の勉強会」のみなさん、日本教育新聞の渡部秀則さんには特に感謝申し上げます。また、我が家の子どもたちとの絵本の時間は、いまでも私の宝物です。このような幸せをくれた家族に感謝です。最後に、エイデル研究所の長谷吉洋さんには本当にお世話になりました。心より、感謝します。

２０１９年８月

大豆生田啓友

著者

大豆生田啓友（おおまめうだ・ひろとも）

玉川大学 教授。青山学院大学大学院文学研究科教育学専攻修了後、青山学院幼稚園教諭等を経て、現職。専門は乳幼児教育学・保育学・子育て支援。日本保育学会副会長、墨田区子ども・子育て会議会長、ＮＨＫ Ｅテレ『すくすく子育て』出演、『おとうさんといっしょ』総合指導。著書に『子育てを元気にすることば』など多数。

企画・編集　長谷吉洋
表紙絵　中島優子
写真　ホリバトシタカ
テキスト　松村聡子
デザイン　ソースボックス

子育てを元気にする絵本
～ママ・パパ・保育者へ。

２０１９年10月31日　第１版　第１刷発行

著者　大豆生田 啓友
発行者　大塚 孝喜
発行所　エイデル研究所
１０２-００７３
東京都千代田区九段北４-１-９
ＴＥＬ．０３-３２３４-４６４１
ＦＡＸ．０３-３２３４-４６４４

印刷・製本　中央精版印刷株式会社

ＩＳＢＮ　９７８-４-８７１６８-６４２-６